从喀提思到直布罗陀,

多么好的小路。

海从我的叹息,

认得我的脚步。

——洛尔迦

图书在版编目（CIP）数据

西班牙旅本 / 汪俊瑶著；番外编辑部编. — 广州：广东旅游出版社，2019.1
 ISBN 978-7-5570-1591-6

Ⅰ.①西… Ⅱ.①汪… ②番… Ⅲ.①旅游指南－西班牙 Ⅳ.①K955.19

中国版本图书馆CIP数据核字(2018)第264940号

番外·旅本
总 策 划：刘志松
执行策划：张晶晶 方银萍 殷如筠
责任编辑：方银萍
摄   影：汪俊瑶 欧阳敏等
手绘插画：李红泉
装帧设计：李红泉
责任技编：冼志良
责任校对：李瑞苑
* 本书地图仅用于景点示意

西班牙旅本 XiBanYa LüBen
广东旅游出版社发行
（广州市越秀区环市东路338号银政大厦西楼12楼）
邮购电话：020-87348243
广东旅游出版社图书网
www.tourpress.cn
佛山市华禹彩印有限公司印刷
（地址：佛山市南海区罗村联合工业区西二区三路1-1号）
787毫米 × 1092毫米 32开 6印张 170千字
2019年1月第1版第1次印刷
定价：40.00元
版权所有 侵权必究
本书如果有错页倒装等质量问题，请直接与印刷厂联系换书

西班牙旅本

汪俊瑶 / 著
番外编辑部 / 编

广东旅游出版社
中国·广州

番外·小引 / 雕刻旅行时光

人生是一部大书,日常生活则是正文。

仅仅沉溺于执着于生活正文的进退兴废,跌宕起伏,生活职业化,算不上丰盛人生。

正文之外,还有番外。

旅行,算是人生番外的一种,生活的他方。

因此,圣·奥古斯丁在其蜚声于世的人生总结《忏悔录》中说:"世界这本书,不旅行的人只看到其中的一页。"

的确,仰观宇宙之大,俯察品类之盛,乐山乐水,游目骋怀,旅行,穿越人山人海,翻越世界很多面,足以拓宽人生的宽度。

但是,并非理所当然地一定能延展生命的长度和提升生命的纯度。

旅行有如读书,虽万卷阅遍然不知"破",亦囫囵吞下仙人果,不解其味,二师兄是也。

旅行不二,不能走马观花,浮光掠影,换个地方吃饭,换个城市走路,上车睡觉,停车撒尿,下车拍照,回来啥也不知道。

今天,国人已经告别了赶鸭子上架的打卡时代,旅行升级到了3.0,目的地从省内到国内再到国外;装备从walkman到iPad,从数码相机到单反;方式从跟团游、半自助到全自助……

越来越多的人在追求有价值的旅行。

但生活正文之外,要真正写好旅行番外这篇文章,做好罗杰斯所说的人生最有价值的投资,如卡尔维诺所说"为了回到你的过去或找寻你的未来而旅行",升级还远远不够,还需要改变更多。

因为,说到底,所有人的旅行,从本质上说,都是想通过空间的位移来赋予时间新的意思,把时间活成更好的时光,让时间散发出日常生活之外诗意的光芒和别处的智慧。

他不可辜负。

他需要优游,需要深入其里,反复求索和玩味,方得其中三昧和味外之旨,从悦目、悦心到悦神。"星河尽涵泳,俯仰迷下上",真正的旅行者都是涵泳者。

他需要踏着下雪的北京,品尝夜的巴黎,拥抱热情的塔希提,湄公河上有邂逅……

他需要搜集地图上的每一次风和日丽,用心挑选和寄出纪念品,路过纽约地铁里湿漉漉的表情,错过布拉格广场上最后一班车,见证世界上最危险的厕所和最美丽的天空……

他需要一段午后的时光、雨中的跫声、一次森林的迷失、青草更青处的漫溯……

他需要一本书、一支笔、一页纸、一杯摩卡,他需要揣摩、吟咏、记录、描绘……

没错,他需要路上有谦卑,"keep hungry, keep foolish"。

而这,就是我们所提倡的,所致求的,就是我们的"番外"精神。

番外,是我们致力打造的一个旅行品牌,只为最有价值的旅行而生。今天,当你读到这段话时,事实上,已经进入了我们的番外·旅本。番外·旅本,是一种图书和笔记本融合的跨界产品,既是一种精雕细刻的价值读物,也是一种用以记绘可以反复使用的环保记事本。总之,它是一种可以改变旅行态度和旅行方式的文创产品,提倡从脚下旅行、眼睛旅行、相机旅行到笔下旅行、走心旅行、创新旅行("试图用能给世界一些新意的眼光来看世界"——凯鲁亚克),打造属于自己旅游传承的博物馆。

番外·旅本,雕刻旅行时光,不辜负每段旅程。

时间因雕刻而精致,岁月因记录而传承。

番外·旅本,欲承载人生更多的热爱和梦想。

这,真需要你我一同来完成。

刘志松

目录 Contents

西班牙·博物馆

西班牙简史 2

这里是西班牙 8

像西班牙人一样慵懒生活 /9
碧血黄沙的荣光 /14
小酒馆的浅吟低唱 /18
我在地中海,天气晴 /21
弗拉门戈,舞到忧伤自成歌 /25
绿茵场上的战歌 /29
深入骨髓的假日情怀 /32

西班牙旅行top18 36

NO.1 马德里周末大片 /37
NO.2 在世界最古老餐厅与海明威对话 /42
NO.3 艺术金三角,文艺青年怕不怕 /46
NO.4 上帝偏爱圣家堂 /52
NO.5 生活在博盖利亚市场 /57

NO.6 魔幻喷泉，流动盛宴 /60
NO.7 和此生最爱私奔到龙达 /63
NO.8 去胡斯卡尔邂逅蓝精灵 /66
NO.9 科尔多瓦，百花深处有人家 /69
NO.10 格拉纳达，摩尔古城的叹息 /72
NO.11 泛舟最美西班牙广场 /76
NO.12 "黄金之城"萨拉曼卡 /79
NO.13 马约尔广场，吃葡萄许愿 /82
NO.14 圣地亚哥，无关信仰的朝圣 /85
NO.15 圣塞巴斯蒂安，风之梳守卫海之角 /88
NO.16 在风车小镇等风来 /92
NO.17 赫罗纳，历史的香气 /95
NO.18 瓦伦西亚，法雅燃尽春光将临 /98

资讯°微焦距

西班牙研究所 104

- 美食情报站 /105
- 住宿情报站 /111
- 购物情报站 /115
- 打折情报站 /119

西班牙旅行线 123

- 全景线 /124
- 北部线 /124
- 南部线 /125
- 中部线 /125
- 地中海沿岸线 /125

实用信息,了解一下 126

- 通用必备 /127
- 生活必备 /128
- 旅途须知 /129
- 文艺时光 /131
- 球迷指南 /132

城市丈量指南

马德里　　　　　　　/136

加泰罗尼亚　　　　　/139

安达卢西亚　　　　　/145

瓦伦西亚　　　　　　/151

穆尔西亚　　　　　　/154

卡斯蒂利亚-拉曼恰　/156

卡斯蒂利亚-莱昂　　/158

巴斯克自治区　　　　/161

坎塔布里亚　　　　　/163

阿斯图里亚斯　　　　/166

加利西亚　　　　　　/168

拉里奥哈　　　　　　/170

纳瓦拉　　　　　　　/172

阿拉贡　　　　　　　/174

埃斯特雷马杜拉　　　/176

加那利群岛　　　　　/178

巴利阿里群岛　　　　/181

西班牙博物馆
OSPAIN

SPAIN 西班牙简史

诗人雪莱将历史比喻成“刻在时间记忆上的一首回旋诗”，西班牙王国的历史，可以用荡气回肠的伟大诗篇来形容：从外族入侵的混乱到反抗侵略的成功；从建立欧洲最早的统一中央王权国家到大航海时代的全球扩张；从世界第一个“日不落帝国”的辉煌，再到帝国日落的悲怆；

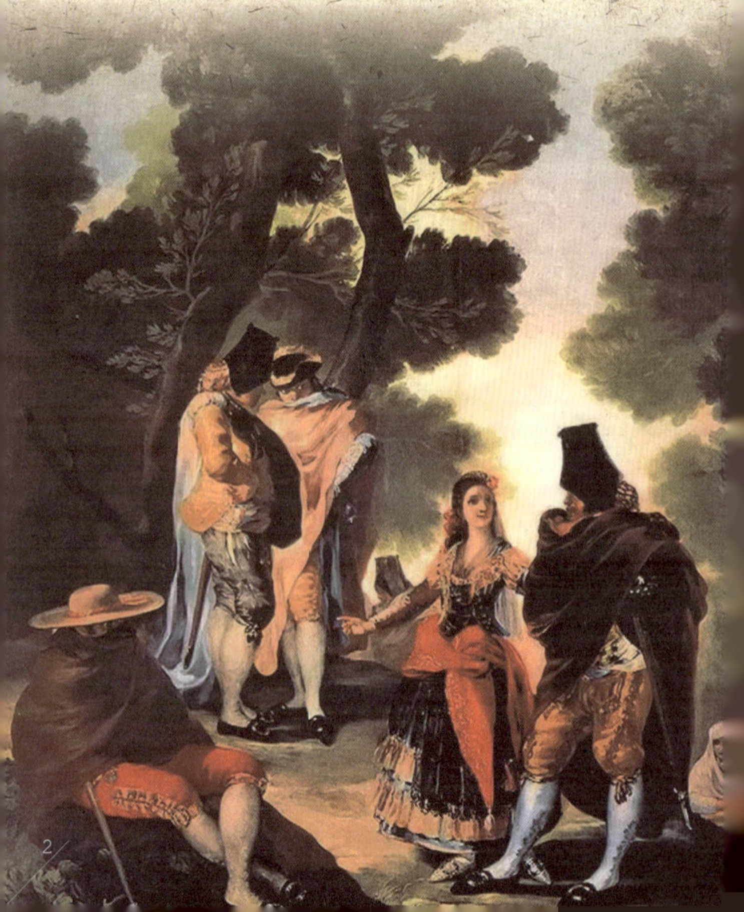

从独立战争到西班牙内战；从佛朗哥独裁到民主时代……西班牙荣耀与苦难并存的历史回旋曲尤其值得后世品味。

西班牙地处欧洲西南部的伊比利亚半岛，隔着直布罗陀海峡，与非洲的摩洛哥相望。这里是欧洲与非洲的交界处，独特的地理位置使得众多野心家都想前来探索这片广袤的土地。

从公元前12世纪开始，腓尼基人、希腊人、迦太基人先后来到西班牙。他们的到来使得安达卢西亚地区以及加泰罗尼亚地区的经济和文化得到很大程度的发展。

公元前218年，崛起的古罗马开始入侵西班牙。古罗马军团与迦太基人进行了几个回合精彩绝伦的大战（即大名鼎鼎的布匿战争），最终古罗马人取得绝对胜利。这并不意味着古罗马完全掌控了伊比利亚半岛，西班牙中北部地区的人民有着钢铁般的意志，顽强抵抗着古罗马人的侵略。这场拉锯战前后持续了两个世纪，直到公元前19年，奥古斯都大帝才完成了这一使命。

罗马帝国为伊比利亚半岛的高速发展起到了不可磨灭的促进作用，西班牙的政治、经济、城建、科技、文化、艺术都得到了长足的进步。我们至今还能在西班牙的许多城市看到大量古罗马印记：塞戈维亚的古罗马高架引水桥、梅里达的罗马遗迹、城镇和村庄都有的罗马桥……

经过几个世纪的斗转星移，罗马帝国开始走向衰亡。公元4世纪，日耳曼诸部落进驻西班牙，5世纪时，西班牙为西哥特人所统治。随后北非的摩尔人（阿拉伯人）逐渐强盛，于公元711年跨越欧、非大陆之间的直布罗陀海峡，

开始入侵西班牙。当时,阿拉伯文明领先,摩尔人到来使得西班牙的各项事业开始腾飞,此时,南部的科尔多瓦成了欧洲数一数二的发达城市,摩尔人在此留下了宏伟瑰丽的大清真寺。

时光飞逝如流水,阿拉伯人和基督教徒间的战争在西班牙持续上演着。1469年,卡斯蒂利亚王国的继承人伊莎贝拉和阿拉贡王子费尔南多联姻,两人分别成为女王和国王后,两国正式合并,西班牙王国诞生。这对天作之合成为了历史上有名的"天主教双王",完成了西班牙的"光复运动"。至此,西班牙旷世持久的外族入侵和统治史终于结束。

伊莎贝拉绝对可以算是西班牙历史上集美貌和才华于一身的第一传奇女子了,勇猛果敢的她亲自带兵镇压叛乱,之后又很有远见地资助了哥伦布远航,如若没有这般勃勃的野心与雄伟的气魄,西班牙断然迈不出成为世界霸主的第一步。1492年,西班牙历史翻开了崭新的篇章,哥伦布的误打误撞反而连接了两个隔绝的世界,此后西班牙通过在南美洲的殖民,获得了源源不断的财富。伊莎贝拉除了有智慧,还颇工于心计,为了使西班牙长期稳定,她将4个女儿分别嫁入其他欧洲王室,独子则迎娶了奥地利哈布斯堡家族的玛格丽特。

伊莎贝拉的外孙,也就是她的女儿胡安娜女王与神圣罗马帝国皇帝菲利普一世的儿子卡洛斯一世,续写了西班牙历史的华美篇章。作为"王三代",卡洛斯一世没有经历残酷的战争,仅靠继承父辈和祖父辈的遗产,就成为大半个欧洲以及新大陆的王者,这是多么让人羡慕的显赫身世呀。好在他没有辜负肩上的重任,16世纪时,他

继承了外祖母环球航行的野心,为麦哲伦远航提供物质帮助,同时还大为鼓励西班牙人征服美洲大陆。在他的带领下,西班牙的疆土扩张到欧、美、亚、非四大洲,西班牙历史上最繁盛的黄金时代悄然而至。

正所谓花无百日红,帝国也没有永恒的兴盛。经过卡洛斯一世时期,再到腓力二世,西班牙有了衰退的迹象。西班牙的"无敌舰队"与英国海军进行了一场恶战,战争的失败使西班牙失去了海上霸主地位,这也是西班牙日薄西山的开始。18世纪,在连绵不断的王位继承战争中,西班牙丧失了西属尼德兰、那不勒斯王国、撒丁岛、西西里岛以及其他一部分意大利领地。

转眼间来到了19世纪,拿破仑将矛头瞄准了西班牙,西班牙人民拼死抵抗,独立战争爆发。战争取得了胜利，但是西班牙丧失了绝大部分海外殖民地。1873年，西班牙爆发资产阶级革命，第一共和国建立，但仅维持了一年时间。1874年王朝复辟。1898年的美西战争，西班牙又一败涂地，失去了所有海外殖民地，大国形象最终消失殆尽。整个19世纪，西班牙几乎都是在混战中度过的，这个昔日的帝国最终土崩瓦解，犹如一颗璀璨的流星，划过天际，最终陨落大地。

1931年4月，第二共和国诞生。复杂多变的执政联盟使得西班牙国内政局动荡，同时，大规模的工人武装运动爆发，各种压力的集合导致西班牙在1936年7月发生了内战。战争以共和派的失利告终，共和国消亡，弗朗西斯科·佛朗哥开始了他独裁者的美梦。一直到他病逝，西班牙整整经历了长达36年的独裁统治，在此期间，西班牙在经济、文化等各个方面几乎与世隔绝。

胡安·卡洛斯一世登基后恢复了君主制，领导西班牙过渡到现代化民主国家。这个曾经极端保守的国家逐渐释放了压抑已久的天性，开始走向更加文明自由的民主社会。同时，西班牙也积极参与到广泛的国际交流中，1982年举办了世界杯足球赛，1986年加入欧共体，1992年举办了巴塞罗那奥运会和塞维利亚世界博览会。20世纪90年代，西班牙的经济保持着高速增长，1999年西班牙加入欧元区。

如今西班牙已是高度发达的国家，也是欧盟和北约重要成员国。虽然经历过严重经济危机，出现了大量失业者，但对于经历过大起大落的西班牙人来说，好像也不是什么值得忧心忡忡的事情。大部分天性乐观的西班牙人还是过着悠然自得的慢生活，不去想明天住在哪里，不烦恼失去经济来源怎么活，只要伊比利亚半岛的太阳还照常升起，每天都是灿烂的一天。

这里是西班牙

欧阳锬/摄

像西班牙人一样慵懒生活

Perezoso

相比起中国火箭般的快节奏生活,西国人民的生活节奏就像慢动作回放般被无限拉长。大部分西班牙人的一天是这样度过的:工作日睡到自然醒,慢悠悠地去工作,中午两点下班,回家吃完饭后又睡一个超长的香甜午觉;下午四五点钟,伴随着夕阳睁开惺忪的睡眼,回到工作岗位;待到下午七八点钟,结束一天的工作后,和三五好友相约,把酒言欢共享人世繁华。通常他们不会只满足于在一家店填饱肚子,而是走街串巷地寻找不同的小酒馆、小食店，大家轮流买单。如果他们耐着性子在餐厅吃了一顿正餐，那这个饭局一定会持续几个小时，美酒加咖啡，一杯接一杯，天南地北胡侃一通，把屁股坐穿了才恋恋不舍地道别。

西班牙人的周末模式一般从周四晚上就开启了，晚上10点，他们的夜生活才真正开始。酒足饭饱的他们会选择一家气氛热烈的酒吧，在里面旋转、跳跃，

欧阳敏/摄

狂欢到黎明。而这个状态会一直持续到周日的晚上,夜夜笙歌,不知疲倦。在夜店工作的小哥周一到周四为其他顾客服务,到了周末,就会拿着这周打工赚的钱到别的夜店挥霍一空。

节假日的西班牙就更是一派悠然景象了,咖啡店和小酒馆门口的遮阳篷下坐满了无所事事的男女,广场上席地而坐的青年晒着伊比利亚半岛温暖的阳光悠哉地喝啤酒,小孩子聚在街头艺人身边追逐嬉闹。戴高脚帽的泡泡艺术表演者刚在空中划出一个色彩斑斓的透明泡泡,就被旁边扎辫子的小女孩给戳破了,"破坏者"狡黠地捂嘴偷笑,好像完成了一个天大的使命。

不过一到午休时间,西班牙好像就进入了一个停滞的平行时空,几乎所有饭馆、咖啡馆都闭门歇业,连做小买卖的个体户都会关店休憩。阳光最炽热的时间,大街上却万

籁俱寂。赚钱？那不重要，午睡才是不能亵渎的神圣之事。在这里，午睡是一种文化、一种信仰、一种传统，可不是随随便便就能做的事情。换好舒适的睡衣，做好虔诚的祷告，方能躺下。Siesta这个词在西语本意是指午后12点到下午3点的时间，后来直接被人们拿来做"午睡"的代名词了。

西班牙人的性格和这个国家悠然、闲散的气质相契合。虽然在世人的印象中，热情、奔放才是西班牙人性格的关键词，但其实，慵懒是隐藏在他们骨子里的本真。如果你和西班牙人有约会，那可要注意了，"不守时"也是他们的一种文化。迟到5~10分钟是常事；迟到半小时也不少见；迟到3小时，那也不用大惊小怪。他们时间观念之差，有时会让别国人气到跳脚，而他们却对此不以为然，等你质问他为什么不按时赴约的时候，他们只会淡然地回复你：何必生气呢，要是没有事情耽误，我也不想迟到呀。

西班牙人慵懒且肆意地活着，你说他们不靠谱？我却说他们才是真的懂得生活真谛的一群人。

碧血黄沙的荣光 *Glorioso*

　　西班牙这个旅游王国和牛有着千丝万缕的联系，无论是海明威书中描绘过的传神的奔牛活动，还是国粹般的斗牛表演，都让人们对这个"与牛共舞"的民族充满向往。

　　对于西班牙人来说，斗牛不仅仅是一项运动，更是西班牙民族精神的永恒代表。古朴的斗牛场静静地伫立在城市之中，场上的每一粒黄沙都耀眼无比，似乎在向世人诉说着这千百年来，每一位英勇无畏的斗牛士战斗过的神话。

　　现如今禁止斗牛的呼声非常高，斗牛场边的

动物爱好者或坐在地上静默抗议，或举着横幅高声反对，可是印着牛头的红黄色国旗仍然飘荡在斗牛场周围。

和着伊比利亚半岛夏季暴晒的阳光，来西班牙最大的斗牛场——马德里拉斯本塔斯斗牛场，体验最原始的野性释放吧。人潮涌动的场景，配合现场乐队鸣奏的《西班牙斗牛曲》，让人的心随着鼓点的节拍一上一下，全场都注视着"牛栏门"的方向，焦急地等待着暴躁的公牛冲进沙场的一刻。

在公牛积蓄能量的时候，身着华丽斗牛服的勇士已经出场接受检阅了。虽然相隔甚远，看不清他们的表情，但能看出他们艳丽的紧身丝绸在阳光照射下正熠熠生辉。

斗牛过程用"惊心动魄"来形容也不为过。手持利剑和红色斗篷的主斗士上场,双脚岔开与肩同宽,站定,左手叉腰,右手挥舞着大红色的斗篷,很有一统江山的大将风范。

此时,被助手刺中数剑的猛牛已然处于疯狂边缘,铆足劲用锋利的犄角向斗牛士冲来。斗牛士用一个优美的躲闪动作与猛牛擦身而过。双膝跪地、侧身扭转、"贝罗尼卡"(一种斗牛动作,用红布甩向牛的面部,以激怒公牛),每一次危险对峙都让人屏息凝神又如痴如醉。这似乎不是一场战斗,而是一首斗牛士和公牛共同演绎的华尔兹。

优雅的斗牛士被公牛的犄角顶翻，喘着粗气爬不起来。一位不幸的勇者虽然没有牛角刺穿大腿，却在众目睽睽之下被牛角划破裤裆，危险又尴尬。看客的心一下子蹦到了嗓子眼，倒吸一口凉气，空气突然安静，斗牛忠实的拥护者此刻却兴奋异常，高呼万岁。

勇士换好裤子重新回到场上，迎牛而上，用长剑直刺公牛心脏，一雪"破裤"之仇。也许斗牛士的荣光就在于被愤怒的公牛顶翻后还能以高傲的姿态重新站起来，并且无畏地将剑刺向公牛脊背。

轰然倒下的公牛被马群拖离场地的情景还历历在目，那一抹残血在眼前挥之不去。动物爱好者还在场外无声地抗议，忠实的拥护者们却将抗议的人群比作"世上最蠢的笨蛋"，因为在他们眼里，如果没有了斗牛，西班牙也就不再是一个纯粹的西班牙了。

小酒馆的浅吟低唱 *Taberna*

　　西班牙人空闲了,三五好友相聚,酒吧耍耍,聊个小天,觥筹交错话沉浮,这是西班牙特有的休闲主张。

　　西班牙人对酒吧有着偏执的热爱,无论城市还是乡村,不同类型的酒吧藏身于街头巷尾。球迷最爱的cervecería(啤酒馆)、接地气的taberna(酒馆),还有夏季露天的terraza(露天酒馆),每一家都有酒有故事。

这些酒吧并不是黑夜的专属，当地人会起床后去酒吧吃一顿丰盛的早餐，也会在午休后去酒吧喝一次下午茶，在酒吧解决晚餐的也大有人在。在西班牙，夜店和小酒馆是完全不同的两个概念。酒吧滋养的是一种自然的生活方式，而不是发泄和放纵的喧嚣之地。

通常，小酒馆的装修都很质朴温暖，吧台上摆满了林林总总的tapas（小食），酒的品类也很多。1欧元的啤酒，2欧元的火腿，平价却美妙的家常味道让人上瘾。难怪华灯初上时，酒馆里会塞满形形色色的人，甚至漫到门口街道上，因为这就是他们的伊甸园，他们在这里卸下一天的疲惫，感受食物和周围环境的温情。很多时候，小酒馆里没有音乐，人来人往的嘈杂之声却成了最丰富、真实的乐章。

在西班牙，爱泡吧的可不止红男绿女，连步履蹒跚、头发花白的爷爷奶奶们也是社区酒吧的常客。开在住宅区街边的小酒馆，

是这些老人家打发白天时光的聚集地。奶奶们通常不喝酒，点一杯牛奶咖啡，几个人围坐一圈，悠闲地玩着扑克；爷爷们拿着点完啤酒找回来的零钱，站在二手老虎机前面碰运气，赢了钱就请在场的所有老街坊喝啤酒，输了钱也不恼，笑一笑再来一杯爽口的啤酒。

酒吧除了是大众日常的休闲之所，还和文艺有着千丝万缕的关系。大作家海明威对西班牙酒吧的喜爱溢于言表。马德里的奇科特酒吧（Chicote）是他最钟情的一家，在这里他酝酿了许多传世之作，最著名的《老人与海》就是在酒吧创作而成。毕加索、达利、戈雅……几乎每一位叫得上名字的艺术家都有酒吧情结。也许酒的香气配合微醺的气氛，才能碰撞出醉人的灵感吧。

在这些小酒馆里，没有醉生梦死，只有人间冷暖。

我在地中海，天气晴
Mar Mediterráneo

地中海沿岸国家和城市都有一种无与伦比的美丽，西班牙尤胜。4000多公里的海岸线逶迤绵延。一路向南，沿着海岸线奔跑，从白沙逐浪的白色海岸（Costa Blanca）到碧海青天的阳光海岸（Costa Del Sol），虽同为海天相接的壮阔之景，但每一片海又有各自独特的韵味。有的原始自然，有的现代开放，有的与森林草丛为伴，有的与岩石峭壁为伍，有的与山丘山脉相望，唯一的共性是，它们都美得让人流连忘返。

阳光毫不吝啬地赐予这个梦幻的国度万丈光芒，尤其是与非洲大陆隔海相望的南部地区，全年长达300多天的日光照射，明媚到晃眼。这样的万丈光芒才配得起美得摄人心魄的大海和沙滩。

　　西班牙最出名的地中海沿岸海滩要数巴塞罗那海滩（Barceloneta）了，海滩上的沙石细软温柔，光着脚丫踩在上面感觉微微发烫。周围玩沙的孩童、打排球的少年、

晒日光浴的老人,还有满眼穿比基尼的姑娘,完美的、不完美的胴体都接受着来自地中海和煦海风的吹拂。

随着阳光的指引,一路南下来到位于瓦伦西亚的马尔瓦洛萨海滩(Malvarrosa),绵延的浅滩上闪烁着白色细沙,干净、细腻。记得从酒店带一块浴巾铺在沙滩上,如果没有,就从商贩的手中淘一条丝巾,面朝蓝天、背枕大地,待凉爽腥咸的海风拂面,听白浪横接天地的翻腾之

音,就这样放空一下午。在这里浪费的每一刻钟,都显得惬意而值得。

晒得有些昏昏欲睡了,就起身点上一杯清凉的莫吉托(mojito),薄荷的香气一扫困顿之感。到靠近大海的岸边走一走,冰凉的潮水没过脚踝又迅速退去,卷起的高浪煞有介事地打到脸颊,湿咸的海水沾到嘴唇上,黏腻却不让人厌烦。往岸边的道路上走,能看到搭建逼真的大型沙雕,海边也能诞生醉人的艺术。

再往南走,来到欧洲大陆的最南端,这里的阳光海岸又是一番别致景象。碧澄澄如水晶般透亮的海水一如既往地与丽日蓝天相互映衬。

除此之外,马拉加的拉马拉格海滩还多了一份南部的清新之感。岸边的岩石块上涂鸦着情侣的誓言;主人牵着狗狗在沙滩上奔跑运动;沙滩上三五好友相聚一团,喝着可乐唱着歌。

马拉加海滩的日落是不可错过的,天空被晚霞染成华丽的金红色,海水也泛起红色的波光,落日的余晖笼罩山丘和轮船,眼前是一张高色彩饱和度的3D油画。此刻,你定能深刻理解诗人海子的那句"面朝大海,春暖花开"是怎样温暖的意境。

弗拉门戈，舞到忧伤自成歌

余秋雨在《行者无疆》中的《小巷老门》这一篇中曾写到"西班牙的一半风情，在弗拉门戈舞里蕴藏"。

弗拉门戈在西班牙整个民族文化的典藏中，占据了十分重要的一页。它和斗牛并称西班牙的两大"国粹"，许多本国人对"斗牛"还持有异议，但对弗拉门戈，是完全热爱且信仰的。这也是展现在世人面前的"西班牙标签"和"西班牙记忆"。

相信多数人对弗拉门戈的印象，仅限于舞者的那一抹血红色长裙，认为那是热烈、奔放、激情的象征。这种惯性思维是片面的，弗拉门戈不仅仅是一种舞蹈，而是歌、舞、乐器的集合体；舞者也不一定穿着红色长裙，而是白色、黑色、蓝色，各色分明；它表达的也不仅仅是热情，更多的是悲愤和忧伤。

在西班牙各地都有可以观看弗拉门戈的场所，而最正宗的要数南部安达卢西亚大区。歌剧院里专业舞团的表演固然精彩，但找一个小酒馆，看一场最原生态的表演，才是这起源于民间的艺术最佳的打开方式。

通常表演的舞台不会很大，长方形木质地板上会摆放几把极具安达卢西亚风情的木凳，那是供歌者和吉他弹奏者表演时坐的，台上再无别的道具和布置，就是这样朴素的背景，才能还原这来自街头的平民艺术。观众可以围坐在舞台周围，喝着小酒，吃着小食，近距离观赏。没有正规表演时的各种讲究，追求的就是放肆与自然。

表演由歌者的感叹词拉开序幕，击掌为伴奏，然后开始低沉的吟唱——与其说是吟唱，不如说是遥远的天际传来的异域之音。细听之下，旋律并不优美，或者说，不符合我们对音乐的审美。有些小剧场连话筒都没有，就靠歌者浑厚的嗓音在歌唱，需要十足的唱功和内力才能将场面控制住。与其说是歌唱，不如说是在歌唱中掺杂了呐喊与撕裂。这婉转却深沉的韵律，有着直击人心的魔力，这样的沧桑感，让人肃然起敬。

吉他是弗拉门戈表演中最容易被人忽视的部分，但也是尤为重要的一环，并不是从属于歌声，而是和歌声相互配合缠绕成一体的一种存在。演奏弗拉门戈吉他需要很深的艺术造诣，行云流水般的指法才能保证弹奏出的旋律与歌声达到浑然天成的境界。

在悲情的歌声中，观众期盼已久的舞者登场了。舞娘的外形和印象中舞蹈演员都拥有曼妙的身段可能不太一样，大摆的紧身舞裙下包裹着的是丰满的身体，脸庞上也没有演员惯有的笑容，取而代之的是无尽的痛苦和悲怆。高昂的头颅拒人于千里之外，目光坚定且孤傲。一旦开始舞蹈，肆意抖动的手臂和刚劲有力的摆胯，将观者一下子拉回吉普赛人的流浪情怀之中。皮鞋与地板之间产生的高频踢踏声，又给人以决绝之感。

身着衬衫和绸缎马甲的帅气舞男也上场，参与到这荡气回肠的表演中。随着表演的推进，歌声愈加嘶哑，伴奏愈加洪亮，舞者身体的扭动愈加夸张，脚下皮鞋的踢踏声，手中响板的敲击声，高潮之时，气势如虹如电闪雷鸣。整个舞台都在颤抖，观众的情绪也被调动到顶点。痛苦、无助、躁动、迷茫，都在这一瞬间汇集在胸口，沉甸甸的压抑无处安放，波涛般汹涌。

伴随着舞者大喊一声"Ole"，一曲终毕，音乐戛然而止，舞者停下舞步，四周寂静。犹如乘坐惊险的过山车，嗖的一下从山顶滑到了地面。观者和舞台上的演员一起，从痛苦中得到解脱和救赎。回味片刻，忽然能体会到一丝洒脱，好似今后生活中无论遇到怎样的境遇，都能将痛苦抛在脑后，因为痛苦也是值得歌颂与咏叹的。

这就是弗拉门戈，舞到忧伤自成歌。

绿茵场上的战歌
fútbol

在西班牙，有且只有一样东西能让全民为之疯狂，为之敬仰，并将其视为生命，那就是足球！这小小圆圆的白色球体，承载了太多荣辱兴衰，早已成为这个民族最闪耀的光芒。碰上国家队比赛，老式公寓楼里爆发出的进球欢呼声可以将整栋楼震得颤抖，这十一人的游戏，带给全民百倍的感动。

耳熟能详的传奇球队、勇猛灵巧的著名球星、遍布世界的忠实球迷，三大法宝使西班牙足球常年雄踞现代世界足球版图上的王者之位。皇马的荣耀、巴萨的传奇，是多少球迷心中的信仰。这两个具有百年历史的老牌足球俱乐部，有着自己独一无二的战术魅力：银河战舰的简洁明快以及红蓝军团的全攻全守。不分伯仲的两支天团，给球迷们呈现了太多的惊喜与期待。能在皇马的主场伯纳乌或者巴萨的主场诺坎普，现场看一次国家德比（El Clásico，表示两个俱乐部的对决，意为"经典大战"）的盛况，是所有球迷终生的梦想。

即使是不懂战术的伪球迷，即使没有机会亲眼见到两支巅峰球队的顶级对决，能在足球的国度观赏一场现场球赛，都是无与伦比的体验，而这种体验在皇马的主场——伯纳乌球场能得到极致的感受。主场球迷的热情，犹如夏日里燃烧的火焰。奔腾的鼓声和着全场齐声高唱的皇马队歌*Hala Madrid*（加油，皇马！），加速分泌的肾上腺素让球迷的心跟随鼓乐声上下起伏。

如果没有进入球场也不用太遗憾，街边无数可以观

看球赛的酒吧是最佳弥补方案,喝着啤酒吃着小食,进球时,和伙伴一起为支持的球队呐喊,失球时也可以肆无忌惮地咒骂,一切为了足球。

比赛结束后的庆祝场面蔚为壮观,一众球迷欢闹着,等待球星从身边开车驶过的一瞬间,好向他们心中的英雄致敬。

西班牙人为何如此热爱足球,到学校里、居民区、体育场上都能找到答案。每到空闲时分,这些地方都能看到踢球者的身影。小到蹒跚学步的孩子,大到头发花白的老人,都能追着足球踢上一脚。街道上、花园里,总有谈论着比赛和球员的人群,两支队伍的支持者一言不合,可能还会较量一番。

不过,一旦遇到国家队的比赛,球迷们的立场就会空前一致——为西班牙足球大喊"万岁"。可以说,球迷们创造了历史,球员们成就了传奇。

深入骨髓的假日情怀
Festivo

"狂欢是一群人的孤单"这句歌词肯定不适用于西班牙，因为西班牙各地常年充斥着各种节庆和狂欢，这个号称"全年365天中，有360天是在过节"的国度，总不能全民常年都处于孤单的状态吧。这个激情四射的民族真真正正融入到大小节日中，沉浸在肆意的狂想曲中无法自拔。

1月是最寒冷的季节，但也有最暖心的节日。热闹的元旦刚刚过去，甜蜜的"三王节"接踵而至，这个西班牙的儿童节愣是被热衷于狂欢的人过成了全民欢庆的日子。盛大的花车游行引得全城的孩童倾巢而出,"东方三圣"带着糖果来到人群中抛洒。看着孩子们满足、欢愉的神情才知道,原来西班牙人的节日情怀是从小就开始培养的。

2月下旬的狂欢节更是一扫冬日的寒冷与阴霾,全国上下都兴致勃勃,花车、游行、音乐、舞会无穷无尽,不知道西班牙人哪里来的气力和精力,总能把日子过成嘉年华。

3月的法雅节虽然是瓦伦西亚的特色，但不妨碍它成为全国最盛大的节日。精致的法雅模型、盛装的法雅小姐、伊比利亚半岛上空最璀璨的烟火，都汇集在这地中海畔犹如明珠一般的城市。过去一年的所有阴郁都在炽热的火焰中化为灰烬，在这个梦幻的庆典后，西班牙人开始共赴一场明媚的春光。

　　4月的圣周是迎接耶稣复活的日子，无论你在西班牙的哪一个城市，都能看到盛大的游行。这本该肃穆的宗教节日，在南部的安达卢西亚大区却多了一份自在轻快。被人簇拥高抬的圣像，后面跟着身穿彩色长袍、头戴尖顶蒙面头套的众教徒，那诡异的神秘感既让人敬畏，又感觉妙趣横生。如今的圣周成了西班牙的"旅游黄金周"，多了一份世俗气息，也多了一份假日情怀。

6月之时，各大区都有属于自己的仲夏节，尤其是地中海沿岸城市，当地人在海边燃起篝火，点起烟花，绚烂的火花照亮天际，微凉的海风和着清爽的啤酒，西班牙人张开双臂迎接夏日的到来。

7月盛夏，北部潘普洛纳的奔牛节刺激而疯狂，谁也不知道为什么西班牙人那么无聊又大胆，和公牛一起赛跑，用生命作赌注，来演绎狂欢的最高境界。街头汹涌的人流，精彩的艺人表演和永远也看不腻的游行，是传统节日的标配。

8月，炎炎夏日，西班牙开启全民度假的"超长待机模式"，大部分人都会涌向北部或者地中海沿岸的海滨城市消暑，享受悠闲假期；而好动的那一小部分人就会前往瓦伦西亚的布尼奥尔小镇，寻求"番茄大战"的刺激，在万吨天然番茄酱中补充大量的维C。这肆意的放纵正源于西班牙人骨子里流露出来的玩世不恭。

夏日好似玩得太疯，进入秋季后，西班牙人沉寂了下来，这短暂的休整期是为了年底的圣诞和新年狂欢养精蓄锐。12月后，浓重的节日气息再度来袭，大街小巷挂满缤纷的彩灯，传统的圣诞集市开始营业，一年中最幸福的时光悄悄来临。

西班牙人就是这样，从年初到岁末，一直沉浸在欢乐的节日之中，全年不间断的假日盛宴，拼凑出了这个魅力无限的花花世界。

西班牙旅行top18

NO.1
马德里周末大片

　　马德里的周末是从阳光垂直照射头顶的那一刻才开始的。你问早上的时间去哪儿了?当然是被寂静吞噬啦,任你如何寻找,都不见踪迹。正午之前,整座城市还沉浸在蒙眬的睡意中,你怪她辜负了大好春光,她笑你不懂将最美的时光留给午后灿烂的阳光。

　　中午时分,大小餐馆开始开门营业,街道上慢慢聚集了出门觅食和闲逛的人群。位于市中心的主广场是最先热闹起来的,四方形的建筑环绕出一个大大的广场,菲利普三世的骑马雕像矗立在广场中央,阳光洒在砖红色的墙体上,饭店门口架起了遮阳伞和小餐桌,享受生活的人们围坐在一起,在食物的诱人香气里,谈诗词歌赋,聊人生理想,最后用一杯牛奶咖啡结束美妙的一餐。

往东边走几分钟,就来到马德里的心脏——太阳门广场。街头艺人早已占好了摊位开始表演,你惊叹他单腿斜站居然能岿然不动,殊不知厚重的道具服内暗藏玄机,他斜躺得其实很舒服。到广场边的Palazzo冰激凌店

挑选一款白色柠檬味的甜酸冰激凌,趁还没被"太阳门广场"上空的太阳晒融化,赶紧舔进肚子里。

继续往东漫步,就能遇见号称"马德里之肺"的丽池公园。这座曾经的皇室公园,一直保留着典型的欧洲花园景致。南面有一个小湖,湖畔有一座名为水晶宫的透明建筑,四周的墙和屋顶都由玻璃和铁搭建,通透的建筑材料完美捕捉了光影的变换。

阳光穿过建筑上方的树叶,再穿过玻璃穹顶直射到水晶宫内,经过物理的变化,形成五彩斑斓的梦幻之感。树影婆娑中能看到空气里弥漫的微尘颗粒。水晶宫里面除了

几把古朴的老式摇椅，再无其他。坐下来安静地聆听外面的虫鸣鸟叫，待到傍晚时分，就能体味到"疏影横斜水清浅，暗香浮动月黄昏"的唯美意境了。

草坪上的异性情侣在打闹，大树下的同性情侣在亲吻，爸爸带着孩子在步道上骑车，白发奶奶腰杆笔直地坐在长凳上专注地阅读手中的书，喂麻雀的小萝莉在发自内心地笑，人工湖内的游客在泛舟，拍婚纱照的新人配合摄影师摆出爱的动作，公园的空地上一群老外跟着中国师傅在练太极……有趣的画面就像电影中的全景镜头，画面中的每一个人构成了这部名为《马德里周末休闲时光》的意识流电影。

在马德里，一天打卡好几个旅游景点是不合适的。看看博物馆、逛逛公园、晒晒太阳、发发呆，再钻进当地人的市场饱腹一顿，才是马德里正确的打开方式。皇宫边、花园里、小道旁，时不时有跑步和遛狗的人经过，无时无刻不在提醒你，这是一个多么适合慢下来生活的城市。

NO.2
在世界最古老餐厅与海明威对话

大文豪海明威有着浓重的西班牙情节，无论是激烈的斗牛还是唯美的南部小镇，都是他不能割舍的西班牙情怀。他最伟大的作品就是在这片土壤上生根发芽的，而他味蕾最爱的香气，也存在于这片为他所深爱的大地上。

不爱美食的大作家不是好吃客。海明威最爱的酒吧是马德里的奇科特酒吧，而他最爱的餐厅要数位于马德里中心位置的波丁餐厅了。这家餐厅开业于1725年,也就是说,当中国还处于清朝雍正三年的时候,远在万里之外的西洋,这家以烤乳猪闻名的店就诞生了,而且这诱人的香气一直延续了近300年。

如果说所有的百年老店都是因为经营者世世代代不忘初心,始终保持着那份古味才得以生存,那么这家号称"世界最古老餐厅"的三百年老店比起其他店,则更多了一份匠人精神。店内的招牌菜烤乳猪和几百年前的味道几乎一样,几个世纪不变的美味得益于那口流传至今的大烤炉。除了菜品,连餐馆的摆设和装饰都与当年无异。

诚然,复古的木门并不算特别,马德里有很多仿古风格的餐厅也会运用充满历史感的元素装饰。但推门而入之后,扑面而来的年代感是如此真实:店内的每一张

桌椅、每一盏吊灯,墙上挂的每一张老照片、每一幅油画,橱柜里摆放的每一个餐盘、酒器,都是货真价实的老物件。这种岁月沉淀而来的厚重感和品味,是任何仿古和做旧都模仿不来的。

餐厅内最有岁月痕迹的当属地下酒窖般的用餐区域,原色砖块砌成的墙和屋顶散发出一种原始和自然的神秘气息。经过300年的时光流转,任外界沧海桑田,这里还是最初的模样。这个区域并不宽敞,桌子之间甚至稍显拥挤,但古往今来的食客们还是喜欢坐在这小小的空间里品味佳肴。有一位店内的常客说道,年少时,他的祖父经常带他来此用餐,如今祖父已经不在,但他还能吃着当年和祖父一起吃过的食物,让他倍感欣慰。也许大家都在找寻那悠悠岁月长河

中，在此停驻的动人回忆和美味时光吧。

楼上又是另一番风格与光景，充满西班牙民族风情的瓷砖给人清新之感，传说当年海明威最爱的就是这一层的角落位子，他在《太阳照常升起》中曾写道：波丁餐馆是世界上最棒的餐馆之一。可以想象，海明威当年独自一人坐在角落里，一边享受着鲜嫩多汁的烤乳猪，一边品味着里奥哈的葡萄酒，脑子里在构思着一个怎样动人的故事。

这皮脆肉嫩的乳猪必然是扛得起三百年老店的名誉大旗的，浓郁的香气得益于高品质的食材以及烤炉里的上好木炭。光是看着、闻着就让人食指大动，顾不上烫不烫，吃相好不好看，赶紧切下一块，趁热吃进口中。那脆生的外壳被牙齿咬得咔咔作响，嫩而不柴的肉和饱满的汁液给予口腔内各器官全方位的重重一击，让人不得不加速咀嚼。舌尖的细胞被全部唤醒，唇齿间为这看似油腻，实则如花朵般清新的美味所俘虏。

这样的环境，这样的盛宴，仿佛在现实与过往之间搭建了一座桥梁、挖了一个时光隧道，连接起了大师和你。时空交错中，海明威就坐在你的对面，向你娓娓道来这家店与这座城的前世今生。

NO.3
艺术金三角，文艺青年怕不怕

马德里是文艺的。你可以说它没有巴塞罗那的浪漫,也可以认为它没有塞维利亚的风情,但你不能否认它骨子里透出的艺术气息。马德里中心区有三大顶级美术博物馆,形成了完美的"艺术金三角",在这里能够穿越时空,与伊比利亚半岛上最具艺术才华的大师们进行灵魂的对话。

普拉多博物馆与巴黎卢浮宫齐名,有着让人一探再探的魔力。你可能看不懂委拉斯克斯的《宫娥》中"看与被看"的关系以及镜子的隐喻,也可以不明白戈雅在画完《裸体的玛哈》之后为何又为玛哈穿上了衣服,又或者觉得拉斐尔创作的《红衣

主教肖像》有些呆萌,甚至在心中揶揄鲁本斯勾画的《三美神》居然是三个身材圆润丰韵的普通女子……都没关系,只要站在它们面前,亲眼得见这些史诗级的伟大画作,它们就会在你心中留下挥之不去的记忆。

　　除了这些作品,更让人印象深刻的是参观画作的人。打扮得体的白发奶奶在安静地端详着一幅画作,面前架着一块画布,画布上临摹出名作的线条,乍一看,勾勒得还颇具几分相似之处。这样和艺术相伴,优雅地老去,是每个人都向往的吧。还有不少来学习的小学生,并没有孩子抱团时特有的聒噪,大家席地而坐,乖巧地围着老师,聆听画作的创作背景,望着艺术品若有所思的样子是那样的纯净、真挚。

　　如果说在普拉多寻找的是西班牙恢宏与苦难并存的历史,那在索菲亚王后艺术中心探索得更多的就是抽象的现代艺术了。馆内充斥着大量的现实主义、印象主义和前卫主义作品。一个展厅的中央摆了一把椅子,再无其他；一个展厅内的墙上投影了一个短片，黑白的影像中一个穿白裙子的女人在机械地做着左右扭转的动作；还有镇馆之宝——毕加索的《格尔尼卡》……这些怪相丛生的艺术品带来的强大冲击，有着让人神魂颠倒的魅力。

提森-博内米萨美术馆海量的私人典藏也是一个巨大的艺术宝库。按照世界艺术史排序的作品为参观者上了一节生动的艺术简史。毕加索、米罗、高更、达利、莫奈、梵高……这些耳熟能详的画家的作品无所不包，为人们打开了一扇奇思妙想的大门。为了不使流芳百世的杰作受损，这些博物馆大多不让人对着画作拍照。不妨放下手中的相机，专注地用双眼去欣赏，用心去铭记，感受每一幅画的精妙所在，聆听它们传递的艺术真谛。这才是文艺青年们在马德里之行中最美好的遇见。

NO.4 上帝偏爱圣家堂

巴塞罗那是一座让人一眼万年的城市,除了它,世界上再也找不到第二个可以称为"幻城"的地方了,它是一个矛盾体般的存在,没有一个城市的布局如它那般四方规整,也没有一个城市的建筑如它那般肆意乖张。而赋予它这一切的,就是那个早已将生命融入这座城市的鬼才建筑师——高迪。

高迪最引以为傲的是那个惊艳了世界的圣家族大教堂(简称圣家堂),但这同时也是他此生未完成的梦。也许他从没想过,他为这座宏伟的建筑留下了太多可塑造的细节,以至于它一建就建了

100多年。直到现在,三个立面之中的"荣耀立面"还在缓慢建设之中。教堂边架起的巨大塔吊与脚手架,丝毫没有其他工地那般丑陋之感,陪伴着教堂前方的四个空心高塔一齐耸入云霄,难怪有人形容圣家堂是"世上最美的烂尾楼"。

任凭是谁,第一眼看到圣家堂的时候,都会被夸张的外部设计结构和繁复的雕刻细节震撼住。东边的"诞生立面"像一个浑然天成的巨石洞穴,上面镶嵌着诸神的雕像,背景的点缀都是从自然幻化而来的灵感:如藤蔓般蜿蜒的花边,如棕榈树般的支柱,还有那栩栩如生的家禽模样的石雕,看似杂乱,实则是自然界最真实的灵动。

走入教堂内部,会感受到高迪将他一生所践行的"曲

线属于上帝"的设计理念融入到了每一个细微之处。如密林般纵横捭阖的支柱撑起了整个教堂的高度,每一根柱子都像枝繁叶茂的参天大树,肆意生长到穹顶,结出永恒的花骨朵。如此设计,不但优美且更加牢固,以大自然为蓝本的图纸,怎么会出错呢?除了把自然的曲线与弧度献给上帝,高迪还把赋予教堂光亮的重任交还给了上帝。上帝说"要有光",于是,阳光就透过彩绘玻璃窗洒进了这片"森林"。从蜂巢中得到灵感的采光装置使得教堂内部比一般教堂更加明亮,"诞生立面"的冷色调光线与"受难立面"的暖色调光线完美地交汇在了

一起。在这流动的光影中，教堂中央悬挂着的耶稣圣像好似从苦难中得以解脱。

还有那拥有蜗牛壳般完美曲线的旋转楼梯、那些龙舌兰芽状的球形塔尖、那从树叶的波纹中汲取灵感的屋顶排水结构，都是高迪对自然的思考。

世人常会询问圣家堂到底什么时候可以建好，大家都在期盼这个可以通往天堂的杰作完全建成的一天。不妨随它自然生长吧，上帝已然耐心等待了百年，我们又何必催促呢？

NO.5
生活在博盖利亚市场

越来越多的人将旅行定义为"生活在别处",旅行不再是匆忙的打卡,在陌生的城市像当地人一样生活,成为新的旅行意义。想要深刻感受一座城,不要去地标建筑,不要去热门景区,蹿进城市一隅的市场,才能收获活在当下的直觉。因为,市场是一个城市的缩影。

位于兰布拉大道边的博盖利亚市场就是体验巴塞罗那式生活的宝地。在这里,西国人民日常生活中最鲜活的细节跃然眼前。和一般菜市场截然不同的是,这里明亮、清爽、艳丽、迷人,像一个艺术馆、展示厅、陈列处,唯独不像世人印象中那些脏乱不堪的菜市场。在里面可以拍照、可以大快朵颐,甚至可以艳遇,但如果只是单纯用来买菜,便会淹没它自带的那层光环。

得益于地中海阳光的慷慨照射,西班牙盛产各种农作物。在博盖利亚市场,各种当地出产的新鲜水果散发着令人愉悦的气息,饱满而诱人。菠萝、蓝莓、西柚、释迦、牛油果、香蕉、猕猴桃、芒果、桃子、樱桃、石榴、莲雾……认识的不认识的,吃过的没吃过的,都汇集在此,一进菜市场就能看见。它们被摊主或按不同色系码放平整,或按个头大小堆叠成了一座座丘陵,视觉上达到完美的和谐统一。这不禁让人感叹,这个成就了高迪、毕加索等艺术大师的城市,果然有它的艺术之魂,连市场的小贩都是艺术创想家。

"水果艺术区"旁边还有成排的"果汁展示区"，色彩之丰富毫不逊色于隔壁的水果摊子。赤橙黄绿青蓝紫，装在透明杯子里的各色新鲜果汁被冰碴包围，杯壁上凝结的小水珠使果汁的颜色愈发诱人，每当回想起这肆意的缤纷，都能感受到欧洲炎炎夏日的色彩。1~2欧元一杯的低廉价格，让人不知不觉中就多喝了几杯。

　　琳琅满目的糖果也让人移不开眼，摊主按糖果的颜色、形状、大小分门别类，摆放之讲究，俨然小型的艺术品，购买的欲望瞬间被激发。还有彩色的水果棒冰、彩色的香料、彩色的坚果……在这里，似乎所有东西都被施加了魔法，西班牙人一定要让食物呈现出艺术的美感，这和他们与生俱来的浪漫相呼应。

　　再往里走，就有更多样的食材了，伊比利亚火腿、奶酪和海鲜应有尽有，如果说之前的水果、果汁、糖果摊位是游客流连的天堂，那么当地人则多在这个区域徘徊了。看看当地人如何挑选家常的食材，听听他们如何讨价还价，市井和烟火气就来了。

　　这里还有各式小餐馆，逛累了就选择一个歇歇脚，尝一尝精致的小食，吃一吃美味的海鲜。周围坐着说各种语言的人，气氛喧闹。神奇的是，这一点儿也不让人心烦，只感觉亲切和自然。服务生都很热情，不用担心语言障碍，只需担心自己的胃是不是装得下。来到这里，减肥什么的，真真成了一抹浮云。

NO.6
魔幻喷泉,流动盛宴

巴塞罗那是一个风情万种的城市,伍迪·艾伦的电影《午夜巴塞罗那》让更多的红男绿女为这座城市倾倒。华灯初上、夜色朦胧时,是去格拉西亚大街上的高档奢侈品店window shopping,还是去遍布每条小巷的特色酒馆小酌一杯?如果是燥热的夏季夜晚,不如去蒙锥克山下观赏欧洲最大的音乐喷泉——巴塞罗那魔幻喷泉,在变幻的光影和水流的律动中感受一丝地中海夜晚的清凉。

魔幻喷泉建于近一个世纪以前，背靠气势恢宏的加泰罗尼亚国家艺术博物馆，正对美丽的西班牙广场。日落之后，博物馆前的台阶开始陆续被等待欣赏魔幻喷泉的人群占领。看到空隙就赶紧席地而坐，不出一会，熙熙攘攘的人流就会铺满整个喷泉四周。妈妈带着混血宝宝坐在低层；背着登山包的大胡子叔叔在台阶的最高层摆弄他的三脚架和单反；来晚了的一群中学生只能挤在台阶边的花坛上；勤劳的小贩熟练地穿梭在人群中兜售饮料和纪念品。

　　晚上7点，魔幻喷泉开始展示神奇魔法。Queen乐队的*Barcelona*拉了整个音乐喷泉盛宴的序幕，这首为1992年西班牙巴塞罗那奥运会专门创作的主题曲，在这个时间、这个场合，配合肆意挥洒的喷泉水柱播放，带给人们太多的震撼。

仰望喷泉，五彩缤纷的水雾伴随着悠扬的音乐慢慢升腾。音乐时缓时急，水雾随着音乐的律动变换着光影造型。高低错落、层层叠叠的喷泉水柱此起彼伏。一会如同挥舞的红绸，一会变换为喷涌的火焰，忽而又转化成节日的礼花……彼时感受到红尘滚滚，此刻又有了冰清水冷的意境。

比魔幻喷泉更有意思的是周围的人群。前排坐着的少年一听到音乐响起，就不由自主地站起来跟随旋律摇摆，在后排大妈的抱怨声中，突然意识到自己的失态，吐了吐舌头不情愿地坐了下来。花坛中暗藏的小喷泉也开始运作，刚刚挤在上面的几个中学生被从地下喷涌而出的水柱淋湿了衣裤，尖叫着尴尬地跑开。人群被热烈的气氛影响，渐渐骚动了起来。

这时突如其来下了一场瓢泼大雨，喷泉水和雨水交汇，山顶的风呼啸而过，吹散的水雾漂浮在空气里，淋湿了整个西班牙广场。这场雨非但没有浇灭大伙儿的热情，反而点燃了每个人心中躁动的小火苗。大家奔向喷泉周围，尽情地投入到这酣畅淋漓的水舞悦动大派对中。儿童在嬉戏，老人在凝望，情侣在光影和水雾中湿身拥吻，每个人都如被施了魔法，画面像一幅流动的盛宴图。

小贩们像哆啦A梦一样从袋子里变出了雨伞开始兜售，可是没有人光顾他们的生意，即使有雨伞的人，也把伞抛开在一边。当地人热情地上前勾着你的肩，一遍遍说着"bienvenido a Barcelona（欢迎来巴塞罗那）"。

NO.7
和此生最爱私奔到龙达

"私奔"也许是世界上最浪漫的词之一了吧。西班牙"私奔小镇"的名头不是龙达自我吹嘘的,而是海明威给它的盛赞:"如果你想要去西班牙度蜜月或者跟人私奔的话,龙达是最合适的地方,整个城市目之所及都是浪漫的风景……"

这个位于最南部的安达卢西亚自治区,耸立在悬崖峭壁上自在生长的小城,是世界上绝无仅有的,就像所有恋人追寻的那份独一无二的纯真爱恋一样。瓜达莱文河冲击出的埃尔塔霍峡谷像被天神用阔斧劈开,新旧两个城区位于峡谷两侧,仿佛被世俗阻隔的一对爱人,相隔百米,相望而不得见。好在横跨峡谷之上的宏伟新桥为他们搭建了一座相通的"鹊桥"。

多少情侣站在悬崖边等待日升日落,头顶是蔚蓝的天空,身后是纯白的房子,眼前是壮阔的断崖,耳旁是微风吹起树叶、白鸽掠过的声响,身边是那个认定要携手一生的爱人。桥柱被阳光染成金色,反射的光芒照射相爱的人脸庞,熠熠生辉。也许,大家热爱这里,是因为这洒满阳光的断崖和他们的爱情一样,都是一场必赴的华丽冒险。而无论经历多少岁月冲刷,悬崖都还是坚固如初,也象征了生生世世的爱情是不会随着时间流逝而磨灭的。

位于悬崖边的国营古堡酒店(Parador de Ronda)是情侣们最好的栖身之所。夜晚两人在露台上俯瞰空谷幽幽,仰观满天星海,品岁月之静好,享现世之安稳。

老城也是龙达的浪漫之所在,窄窄的石子路

两旁是白雪般纯净的房子，整齐有序地排列着，秉承了南部人民一贯的爱花之习，家家户户都用鲜花加以点缀。木门和铁窗尽显欧洲小镇之韵味。闻着醉人的花香，听着街头艺人悠扬的吉他弹唱，看着深情拥吻的情人们，一切都是浪漫的代名词。

和此生最爱私奔到龙达吧，趁微风不燥，趁阳光正好，来这个尘世纷扰之外的静默小城，看绝美的自然之景，过神仙眷侣般的生活。

NO.8
去胡斯卡尔邂逅蓝精灵

西班牙有太多小清新之地："私奔小镇"龙达、"白色小镇"米哈斯、"风车之村"孔苏埃格拉……但既小清新又充满童话色彩的,恐怕只有"蓝精灵村"胡斯卡尔了。这个距离龙达20多公里的小村子,本来与南部其他小村镇一样,村内有着统一的白色外墙,好看但并无特别。进村的道路并不平坦,游人稀少,200余户居民在此过着与世无争的生活。

直到那年，3D电影《蓝精灵》选中了这个遗世的小村庄为电影宣传造势，整个村子被刷成了蓝精灵的颜色，电影中的卡通形象跃然于村庄的各个角落，一个转身就能看到墙上灵动的蓝精灵们。原来，几桶油漆就可以打造一个充满魔力的梦幻境地。就这样，一个平凡的小村镇开始披上了童话的外衣。

至于为什么会选中胡斯卡尔，答案也充满童话色彩：因为当地的特产是蘑菇，而动画中的蓝精灵们就住在蘑菇屋里。

除了蓝房子、蓝精灵雕塑和蘑菇屋形状的小亭子，连便利店门口的儿童摇摇车都是蓝精灵形象。漫步在村子里，好像真的闯进了这群可爱精灵守护的家园，仿佛不经意间，就会在路口与智慧满满的蓝爸爸、精灵间谍蓝妹妹以及麻烦制造机笨笨不期而遇。

不过，也许是因为电影中的坏蛋格格巫也跟着精灵们来到了村子里，所以小精灵们都躲了起来不见踪影。平日村子里总保持着宁静，空荡的小路上，别说蓝精灵，连人都很难看到。逛累了就去格格巫酒吧坐坐，在大反派的老巢找一找有没有被囚禁的蓝精灵吧。

正如每个孩子都会唱的《蓝精灵之歌》里的歌词一样:

在那山的那边海的那边
有一群蓝精灵
他们活泼又聪明
他们调皮又灵敏
他们自由自在生活在那
绿色的大森林……

胡斯卡尔就是这样一个潜藏于山林、离海不远的童话小镇,置身于蓝色的海洋,外界的喧嚣都可以抛诸脑后。带着童年的梦想,来蓝精灵村邂逅心底的纯真吧!

NO.9
科尔多瓦，百花深处有人家

  西班牙南部小城科尔多瓦，有一条名为"百花巷"的醉人小巷。巷如其名，窄窄的过道两旁，雪白的墙垣上总是点缀着应季的鲜花。

  科尔多瓦号称"全欧洲最美城市之一"。由于历史的原因，城内清真寺林立，伊斯兰风情浓郁。百花巷位于著名的科尔多瓦大清真寺附近的犹太区。小巷长度不过百米，特色餐馆、咖啡馆、纪念品店、住家汇集在此，墙角、栏杆、窗棂、门楣都悬挂着各色花盆，天竺葵、康乃馨、蔷薇，知名的、不知名的花，都在花盆里娇艳欲滴地绽放。曲径通幽处总能看到花枝招展的明媚之景，即使在冬季，也有盛开得很好的一品红。

小巷尽头是一个小广场，广场上安静地矗立着喷泉和雕塑，抱着吉他的少年坐在喷泉边浅吟低唱，阳光倾泻在他棱角分明的脸上，画面纯净得犹如一个电影慢镜头回放。

开春以后，5月的庭院节时期，百花迎来了最盛大的绽放。小巷内有摩尔人留下的庭院，这些露天的庭院内部装修精美，铺青叠翠。彩色的瓷砖、流动的喷泉、斑驳的光影、馥郁的芬芳，犹如那个世人皆向往的家家有水、户户有花的世外桃源。很想用相机记录下眼前这一幕幕动人的画卷，又害怕快门声会破坏了这种静谧之美。

逛累了就找一家古朴又有艺术感的当地特色餐馆,喝一碗酸酸甜甜的西红柿冷汤,吃一盘炖得烂烂的牛尾,再到隔壁的点心店尝一尝具有阿拉伯风味的小松饼,不是说它味道有多特别,只因它有个让人念念不忘的名字——天使的头发(cabello de angel)。

午后的百花巷安静了下来,大部分店铺都闭门午休,只有弗拉门戈服饰专卖店里,慈祥的爷爷轻声哼着小调,千万不要因为可以近距离欣赏这华丽的服饰就兴奋得大叫,爷爷会把手指放在嘴唇上,嘘声提醒你,不要打破小巷内原本的恬静。

在交错的小巷内兜兜转转,不用害怕迷失方向。因为纪念品店门口的风铃叮当作响,会指引你来时的方向。即使真的迷失在姹紫嫣红中,只需回眸一眼,就能看到清真寺的钟楼赫然矗立在百花之巅。庭院深深,暗香浮动,故人不在,百花盛开……

NO.10
格拉纳达，摩尔古城的叹息

在安达卢西亚大区的格拉纳达，流传着这样一个故事，有一个瞎子在著名的阿尔罕布拉宫门前乞讨，悲伤地哭泣道："行行好吧，没有比生活在格拉纳达却是个瞎子更悲惨的事情了。"如果不能用双眼欣赏这座由中世纪摩尔人建造的宫殿，那会是一个多大的遗憾啊。

　　宫殿背靠壮丽的内华达山麓，攀缘在几百米高的山丘之上，周围郁郁葱葱的大树衬托出它的威严，从外观看来，的确是一座傲立于世的宏伟建筑，但黄土原色的外墙、中规中矩的造型，又感觉和印象中华丽的宫殿扯不上关系。别急，进入内部才能探寻到这空灵的阿拉伯风格建筑散发出的优雅与辉煌。

　　宫殿和其他著名宫殿无异，由众多的花园、庭院、回廊和房间组成，但每一处都显得尤为特别。即使是一个普

通的小院，也会因为一面雕刻精美的墙而生动起来。蜿蜒曲折的通道就像迷宫与隧道，牵引着人们走向神秘。

爱神木庭院是最为出名的两个庭院中的一个，样子和名字一样让人陶醉。四周是设计繁复的大小拱门，院子正中的长方形水池乍看没有什么特别，但仔细观赏，会发现对面的科马雷斯高塔整个被倒映在了清澈旖旎的水面上。这虚实之间的正反相遇，不但使空间更加通透，还散发出一种强烈的对抗之感。清风徐来，轻扰了池水和倒影的梦幻画卷，让人不禁联想起在这里兴盛过的各个王朝，它们也如池水般泛起过涟漪，但最终都归于平静。

塔楼里的华丽不是金碧辉煌的那种，而是一种精致至极的美。那些如白色钟乳石般的细密雕刻花纹攀缘在屋顶，犹如满天的繁星。阳光透过若干小窗照射在这些装饰上，就像一场未完成的梦。外墙上抽象的几何图案，色彩繁复，成就了登峰造极的辉煌，而图案上方的那些阿拉伯文在游客眼里也成了浪漫的代名词。

狮子院的精巧布局将游人的兴致又推向了一个高潮。100多根连续的圆柱支撑起了镂空的回廊，精美的拱门使庭院有了强烈的层次感。流动的池水从正中石狮像的口中倾泄而出，仿佛历史的见证者，向你娓娓道来千百年间这座宫殿的兴衰与传奇。

还有那天堂般的夏宫花园、淙淙的溪流和肆意的喷泉，光影水色中我们仿佛看到曾经在这里生活过的阿拉伯人，夕阳洒在游廊的地面上,好似他们留下的一声叹息。

如果你到过这座如海市蜃楼般的唯美宫殿,你就能体会到西班牙古典吉他名曲《阿尔罕布拉宫的回忆》中那行云流水般的轮指就是这流水不停流淌的声音,那灵动的旋律就是百花绽放在幽静庭院的空灵之韵,那绵延的结尾就是这座千年宫殿看尽往日繁华后落寞的咏叹调。

NO.11
泛舟最美西班牙广场

几乎每个西班牙城市都有一个"西班牙广场",而位于塞维利亚玛利亚路易莎公园东部的这一个西班牙广场,无疑是最美轮美奂的。

不同于以往印象中的城市广场，塞维利亚的西班牙广场傲立于喧嚣之外，红砖搭建的弧形建筑呈现的是一个半闭合的状态，将广场内外隔开。从外围看，俨然一个中世纪圆形露天剧院，从铁栅栏往里窥探，又好似一个神秘的斗兽场。

进入到广场内部才明白，这个"西班牙最美广场"绝对实至名归。270度的环形建筑有2~3层楼高，古罗马风格和文艺复兴风格相结合的多样建筑风格交融呈现。主体由红砖建成，自然质朴的材质不但没有使它显得陈旧，反而给人威严且气势如虹的感觉。站在一层半处通透的回廊里，透过罗马柱支撑起来的拱门，可以欣赏到广场全貌。

拱门下方是弧形建筑的底座，细数有58个彩绘瓷砖拼图粘贴于底座的墙面之上，分别代表了原西班牙的58个省份。瓷画中描绘

的是各个省份的历史故事，古典且唯美。对西班牙历史不甚了解的人，只能当艺术画来观赏了，自然少了一份乐趣。和墙上瓷画相对的地面上是各个省的地理位置图，西班牙当地人像朝圣一般，找到自己所属省份的瓷画和地图，煞有介事地研究半刻，拍完照后才肯离去。

广场正中是一个巨型喷水池，在弧形建筑和喷水池的空地之间，有一条不宽不窄的环形水道，清浅的流水被阳光照射后泛着波光，掉落在水面上的红色枫叶和水中倒映着的弧形建筑相映成趣。情侣们在小河中悠闲地泛舟高歌，颇有"风软扁舟稳，行侬绿水堤"的唯美意境。几座精美大气的嵌瓷拱桥横跨其上，连接建筑和空地。空地上不时有哒哒的观光马车悠哉驶过，处处透露出文艺复古的安达卢西亚风情。

NO.12
"黄金之城"萨拉曼卡

都说西班牙语是一门能和上帝交流的语言,而这种优美语言的发源地,就是位于西班牙中部的老城——萨拉曼卡。和其他中部城市一样,萨拉曼卡有着浓厚的历史积淀,城内的各种古老建筑和城外流淌了上千年的托尔梅斯河,就是最好的见证。

最让当地人自豪的是距今已有800年历史的萨拉曼卡大学了。这个欧洲最古老大学之一的高等学府与牛津大学齐名,吸引了世界各地的青年学生来此深造。所

以，纵使它有着古旧的外表，内心依然充满活力。这种古老和年轻的碰撞，滋生出一种独特的和谐之感。

大学周围有许多卖纪念品的小店，毫无例外都在贩卖青蛙形状的玩偶，青蛙对于萨拉曼卡的大学生来说，可是吉祥物一般的存在。原来，在萨拉曼卡大学的一扇古老大门上，雕刻着西班牙的君主和诸神，还有树叶和骷髅作为装饰，在这些繁复的浮雕中，隐藏了一只小小的青蛙，传说找到它的人就能学业有成，逢考必过。怪不得总能看到大门口有一群仰头张望的人，看来大家都想得到好运。不过，青蛙实在太小，又隐藏得太深，通常脖子都抬酸了，也觅不到半点踪迹。

有趣的探秘游戏并未就此结束，离萨拉曼卡大学不远的萨拉曼卡大教堂的大门上，也能探索到有意思的浮雕。萨拉曼卡大教堂是这座城市的灵魂所在，在托尔梅斯河对岸的马路上，可以看到大教堂的轮廓被刻印在石板上，仿佛教堂倒映在河中的剪影。

教堂有新旧两部分，老教堂是典型的罗马风格，新教堂则混合了哥特和巴洛克风格，虽风格不一，但都透露着历史的沧桑感。教堂内部的祭坛画很值得细细琢磨欣赏，但更让人关注的恐怕是正门上的两个"穿越时空"而来的浮雕了。幽默的西班牙大叔会指着大门边的宇航员造型和手持冰激凌狮子造型的两个浮雕忽悠游客，说他们是1000多年前穿越时空隧道来到萨拉曼卡的。这荒诞的说法当然是假的，这诡异的雕刻其实出自修复教堂时某个无聊学生的恶趣味。虽然得知答案后有些失落，但并不妨碍游客第一眼看到这两个雕塑时，瞠目结舌地生出惊讶之感，这也让一向严肃庄重的教堂多了几分诙谐。

由于萨拉曼卡的建筑大多使用了特殊的材质建造而成，所以在阳光和灯光的照射下，会散发金色光芒，耀眼无比，"黄金之城"的美誉也由此而来。夜晚时分，大教堂自带圣光的模式让人惊叹，远远望去，仿佛一个充满秘境的城堡。泛着金光的大教堂与河中的倒影交相辉映，遗世而独立。

NO.13
马约尔广场,吃葡萄许愿

游览萨拉曼卡,要从城市中心的马约尔广场开始,这个硕大的广场由三层楼高、四面闭合的雄伟建筑围成,市政厅就在建筑内部,这里是整座城市的心脏。正对托尔梅斯河那一面的最上方,悬挂着一大二小三口铁钟,悠扬绵长的钟声诉说着这座老城的前世今生。从广场的拱门出去,可以通向城市的四面八方。

无论白昼还是夜晚,这里都客似云来。建筑底部是宽阔的回廊,回廊内有鳞次栉比的商店,咖啡馆、小酒馆、礼品店、服装店……虽然商业气息浓重,但也抵不过广场中更加浓厚的生活气息和烟火味。

尤其是天气晴朗的周末时分，大量人流聚集在此，广场上席地而坐的学生们一边喝着啤酒，一边拉闲散闷；刚刚买完菜的大妈相伴，拖着小推车一边聊天一边踱步而行；运气好的话，还能遇到在市政厅举行婚礼的新人，盛装出席的亲朋和一对新人相拥、行贴面礼，给予他们最美好的祝福；运气不好的话，会遇到坐在石凳上晒太阳的色老头，一面不怀好意地盯着你，一面揶揄你长得如此美丽，要不要跟他去喝一杯。当然，碰上了也无需害怕，通常他们也只是闲来无趣地耍耍嘴上功夫，毕竟，真的坏人是不敢坐在这么热闹的广场上悠闲地享受阳光的。正是这些生动的画面，才展现出一个充满人情味的经典景致。

夜晚的马约尔广场更多了一丝躁动，入夜时分，四周的灯被点亮，炽热的灯光洒在整个广场的墙面上，散发出夺目的光彩。露天酒馆的生意正红火，手中一杯桑格利亚酒和头顶皎洁的月光最配。如果遇到足球比赛的重大日

子，这里更会成为全民观球的最佳场地，当西班牙队进球的瞬间，整个广场的沸腾程度会让人震撼不已。

这个广场一年中还会迎来两个重要的夜晚。其中一个就是全西班牙的大学生都期盼已久的"大学生之夜"。12月末尾，来自世界各地的几万名大学生都会涌入萨拉曼卡，聚集在马约尔广场上，享受这疯狂的"萨城一夜"。平日里白色为主的灯光在这一夜会变换成绚丽的彩色，大钟底下搭建的舞台上，表演者在尽情欢唱，广场中的人群也跟随震天的音乐摇摆。手中的荧光棒、氢气球、啤酒瓶都在见证这一年中最放肆的夜晚。

另外一个重要的夜晚，就是岁末的12月31日了，市民们聚集在马约尔广场迎接新年钟声。和一般的跨年活动不同的是，西班牙人的倒数钟声会在新年到来前的12秒钟响起，每个人手中都会有12颗葡萄，时间每过一秒，广场上的钟声就敲响一次，人们就吃下一颗葡萄，并在心中许下一个愿望，寓意着来年幸福安康。

这个大大的广场，除了本身的宏伟壮丽，还包含了太多的疯狂与欢乐、惊喜与希冀，无论白昼与夜幕，都让人为之心醉。

NO.14
圣地亚哥，
无关信仰的朝圣

罗曼·罗兰说："信仰不是一种学问。信仰是一种行为，它只被实践的时候才有意义。"教徒们总是用最虔诚的朝圣来证明自己的信仰，他们内心坚定地朝着心中的圣城举步前行。基督教徒们为了瞻仰圣徒雅各布的遗骨，行走在西班牙北部通往圣地亚哥的朝圣之路上。

这条长达800多公里的路上，还有各色并无特殊宗教信仰的人也在行走着。有人说事业遇到了瓶颈，想换种活法；有人说生活遇到了挫折，想放空自己；有人说看了电影The way，被故事驱动，想来看看电影中的画面；有人说为了寻找心中的那份感动；有人说纯粹为了锻炼身体；还有人说没有为什么，就是想来走走。一千个人有一千种踏上征程的理由，可以是为了完成内心的救赎，也可以无关宗教。行走，就是唯一的信仰。

每天日出而行、日落而息，简单重复地行走，看似最容易做的一件事情，恰恰也是最难的部分。每天近30公里的徒步：攀过高山、跨过河流、穿过森林、越过田野、路过村庄，有平坦的大道也有泥泞的小路。有时晴空万里，有时大雨滂沱，不管遇见了什么，朝圣者们都不曾停下脚步。哪怕前一日已经耗尽所有力气，当第二天天色微亮之际，还是会继续走上陌生且悠长的道路。

很多时候，漫长的旅途既没有曼妙的风景，也没有充足的补给，有时还会遇到狼狗，野外的各种跳虫还会侵蚀朝圣者的皮肤，但行走的旅人都不会在意，因为一路上的贝壳和经文就是来自神的指引。

走朝圣之路的人大部分都是独自前行，有时也会碰上天南海北的伙伴聊上几句，共走一

程，不过，也许下个路口就会分道扬镳。没有其他人的打扰，一个人和自己的内心对话，不用迁就任何人，完全遵从心灵的感召，或走或停，都是最好的选择。这是一个人的千军万马。

经过长途跋涉，甚至风餐露宿，朝圣的人终于来到圣城圣地亚哥，有人在圣地亚哥·德·孔波斯特拉大教堂前留下了温热的泪水，有人跪在教堂里虔诚祷告，有人只是静静地坐在墙脚，感谢双足，也感谢自己这一路的默默坚持。经过这样一场身体与心灵的双重洗礼，自然就放下那些尘世中无谓的纷扰了。

从地图上看来这是一条有始有终的朝圣之路，但其实起点可以是法国南部地区，也可以是西法交界的比利牛斯山脉地区，还可以是西班牙北部的任何一个沿途小镇。路途中也有很多不同线路的走法，充满神秘感。终点看似是号称"世界尽头"的圣地亚哥·德·孔波斯特拉，走完才会恍然明白，人生真正的朝圣之路一直潜藏在内心，永无止境。

NO.15
圣塞巴斯蒂安，
风之梳守卫海之角

欧洲大部分城市都有相似的气质，但是在西班牙，甚至整个欧洲，都找不出第二个像圣塞巴斯蒂安的城市。它没有西班牙中部地区厚重的历史感，没有地中海沿岸城市的通透，也没有南部地区的万种风情，相比起其他热门城市，这里可谓一个小众的存在，因为除了那片海滩，这个城市几乎没有什么热门景点，连国内的旅行攻略里也找不到过多的资料。但它的美，是一种无法言说的意境，有一种莫名的吸引力，给人无限惊喜，让人感觉"来过，便不曾离开"。

圣塞巴斯蒂安毗邻比斯开湾，地处西法交界，特殊的地理位置赋予了它特有的城市韵味。贝壳海滩是这个城市最美的存在。为何海滩会有如此悦耳的名字？在山脚乘坐红色复古的铁轨缆车，登上城市西端的伊格尔多山才能找到答案。

在山顶俯瞰海湾全景，形状宛如一个饱满的贝壳，碧波中白帆点点，犹如贝壳中闪耀着的名贵珍珠，贝壳海滩果真"实至名归"。岸边的沙滩又像一弯细长的月牙，环抱着波光粼粼的海湾。再远处是叠嶂重峦和错落房屋，最远处是渺渺白云和清澈蓝天。这样震撼人心的美景，如果身边有最爱的人陪你看，那此生真的无憾了。

贝壳湾的面积和其他海滩相比着实不大，却汇集了众多欧洲邻国游客来此共度夏季的悠长假期，

吸引他们的，除了如画的风景，还有西班牙北部夏季少有的凉爽天气。八块腹肌的英国小伙在波涛中翻滚，体验冲浪的乐趣；留着胡须的法国男人在打沙滩排球，时刻散发着雄性荷尔蒙；一向不苟言笑的德国大叔，此刻也躺在沙滩上的遮阳篷下悠闲地喝着啤酒……

沿着海岸一直走，走到尽头的山海相接处，可以看到几组造型奇特、个头硕大的钢铁雕塑，钢铁被海水和海风侵蚀，已经锈迹斑斑，扭曲成不规则的线条，牢牢地插进岩

石里，庄严、肃穆。这三组颇具工业风的雕塑却有一个诗意的名字——风之梳。可能是想表达强劲的海风过境后，由这恢宏的梳子将其舒展开，变成和煦的微风，散发出沁人心脾的气味。它们像三个孤独的守卫者，保卫着这片大海的宁静。

天之涯、海之角、风之梳，浪漫而情深，这就是圣塞巴斯蒂安，让人沉醉且心安的净土。

NO.16 在风车小镇等风来

如果你看过《堂吉诃德》,一定会对里面那场荒唐的风车大战印象深刻。堂吉诃德远远望见郊野里有三四十架风车,对他的侍从桑丘·潘沙说道:"那边出现了三十多个大得出奇的巨人,我打算去跟他们交手,把他们一个个杀死。咱们得了胜利品,可以发财。这是正义的战争……"

如今,在这个"战场"的原型地——卡斯蒂利亚-拉曼恰的孔苏埃格拉小镇山顶上,还静静地矗立着十几座古老的风车。沿着"堂吉诃德之路",可以追寻这位骑士"行侠仗义"的脚步。

从马德里前往小镇的大巴上稀稀拉拉地坐着几名乘客，他们不是游客，而是小镇居民。他们爱和外国游客分享风车的趣闻。巴士转过路的尽头，当地人兴奋地提醒游客：快看，山顶上的11座风车！灰顶白墙，扇叶并没有全部随风转动，恍惚间，真的好像看到了堂吉诃德眼中的荒野巨人。它们在蓝天白云下静默着，仿佛一幅高饱和度的油彩画。

小镇的中心广场不大，除了刚刚一起下车的人，再也看不到其他当地人。沿着无人的台阶拾级而上，"巨人"们渐渐映入眼帘。虽然感觉它们近在咫尺，可是还要穿过长长的沥青路，顺着野草和大石块混合的路沿，蜿蜒到山顶和它们会合。

现如今，只有一个风车内部可供人们参观，沿着古老狭窄的木质楼梯，来到二楼探

寻这庞然大物中的秘密,一个石磨一样的工具占据了大部分空间,墙上挂着的电视屏幕上正在播放这些风车的前世今生。原来它们是当时人们用风作动力用来加工粮食的磨坊,如今已经被弃用,连风车的扇叶都被铁丝固定住。透过二楼唯一的小窗眺望远方,仿佛可以看见一个高傲的贵族骑士带着他的仆人和马匹缓缓走来。堂吉诃德的流光溯影一直潜藏在这片广袤的高原上,几百年来,从未消失。

售卖当地特产的大胡子老爷爷坐在风车前面,用不标准的普通话叫卖着他的藏红花和明信片。顺着风车旁边堂吉诃德铜像的目光,可以看到山脚下的小镇还有一派明媚的田园风光。大片的藏红花海和黄绿相间的稻田,让整个村庄就像欧洲版的"归园田居"一般恬淡、自然。

爱美的女孩们以风车为背景无限地拗造型,山顶的风很大,吹乱了她们及腰的长发,吹起了她们飞扬的裙摆,却没有吹动这些见证了这片土地百年兴衰的风车之翼。

NO.17
赫罗纳,历史的香气

终年积雪的比利牛斯山分隔了欧洲大陆与伊比利亚半岛,也分隔了西班牙和法兰西。西班牙东北部的赫罗纳小城就坐落在比利牛斯山脚下,特殊的地理位置和历史的变迁,使得小城混合了多种气质。

赫罗纳最出名的景点,要数哥特风格的赫罗纳大教堂,雄伟壮观自不在话下,但最让人印象深刻的,还是教堂前面可拾阶而上的99级台阶。作为一个普通游客都已被震

撼，如果是虔诚的基督教徒，数着台阶一步步向心中的圣殿迈进，该催生出多少感动。

在大教堂前的观景平台俯瞰小城，身后矗立的是几个世纪前的宏伟教堂，眼前一字排开的也是中世纪留下的古老而沧桑的建筑。每一扇窗户，每一盏路灯，每一块石板，都在向人们诉说着古老的传说。要不是狭窄道路上偶尔穿梭而过的小汽车把我们拉回21世纪，任谁都会恍惚怀疑自己是否已经穿越回那个古旧的年代。

离大教堂不远的地方，是赫罗纳另一个具有历史意义的景点——古城墙。郁郁葱葱的爬山虎攀缘在黄灰色的城墙岩壁上。碧空如洗、云淡风轻，构成了一幅蓝、绿、灰三色和谐的美好画卷。日落时分，沿着狭窄的步道拾级而上，登上塔楼的制高点，面朝西方，俯瞰整个城市，景色尽收眼底：近处，是灰墙红瓦的古城建筑；远处，是壮阔俊美的比利牛斯山，在落日余晖的照射下，美得浑然天成。

下了古城墙，向河岸前进，在桥头一根不起眼的石头残柱上，会看到一只母狮子的雕像，它是幸运的象

征，踮着脚尖仰头亲一亲它的屁股，传说会带来好运。游客排队亲吻狮子屁股的举动，给这个静默恬淡的小城增加了一丝生动的乐趣。

来到河岸边，沿着河道漫步，昂亚河静静地在老城中心流淌，河道边的房子像蜡笔画一般色彩斑斓。从桥上眺望的时候，恍若置身于梦幻的童话世界。傍晚时分，一对情侣在桥上尽情拥吻，夕阳把他们的影子拉长，蓝天白云、绿树红花，在彩色建筑的映衬下，拍出了一部无人导演的浪漫爱情电影，如同《爱在日落黄昏时》中，杰西和赛琳娜的邂逅。

一路向南，来到中世纪街区，当年贵族的居所和宫殿还保留得非常完好。交错的小巷、美丽的廊桥建筑、厚重的石头内隐藏了整个中世纪的神秘。如今，琳琅满目的小店和咖啡馆遍布整个街区，放慢脚步，坐在廊桥下优雅地喝一杯咖啡，能品味到历史的怡人香气。

NO.18
瓦伦西亚，
法雅燃尽春光将临

每个国家的传统节日或多或少都跟传说相关，地中海沿岸城市瓦伦西亚，每年3月会举行盛大的法雅节，它的起源可以追溯到一个古老的传说。

法雅，也就是各色纸质人偶，是这个节日的主角。每当春天到来之时，人们就用大火焚烧这些制作精良的美丽人偶。传说当地居民相信屋内有精灵存在，为了驱赶这些精灵，就将家里的所有旧物放入火中付之一炬，寓意着万物归零。久而久之，用人偶来代替旧物，人偶化为灰烬，一切得到重生。

造型别致、色彩绚丽的法雅散布在城市的各个角落，拿着法雅节观光指南，根据地图上的指引，打卡所有法雅的位置是很多游客热衷的"寻宝游戏"。不过抛开地图，随意在城市里漫步也很好，因为大部分法雅集中在城区，转角就能遇到一个充满天马行空想象力的法雅，这样的邂逅让人期待。

　　为期五天的法雅节使瓦伦西亚处处充满狂欢气息，每天下午两点，如潮水般涌入的人流在市政厅广场会合，观看爆竹和烟花的盛典。说来有趣，白天根本看不清烟花绽放的美丽，耳旁的鞭炮声震得人心悸，扩散的硝烟弥漫在地中海潮湿的空气里，爆炸后的灰尘如雨点落在人群中，这样嘈杂的环境竟然没有引起大家的不适，借着这股士气，蠢蠢欲动的心也躁动了起来。

　　身着中世纪传统服饰的游行队伍开始了每日例行的走街串巷，华丽的服饰让人挪不开眼。队伍前方是每个街区评选出来的法雅小姐，美得不可方物，后面跟着乐队、坐在婴儿车里的宝贝、推着花车的少年……童话般的相遇，给人不在天堂胜似天堂的华丽幻想。

　　最后一天的夜晚是所有人期盼的高潮，法雅逃脱不了被火焰吞噬的命运，除了票选排名第一的可以侥幸逃过此劫。人群围聚在各个法雅周围，亲眼见证它们从一个

个有生命的艺术作品幻化为一摊死灰。鞭炮和汽油的混合作用，使得法雅很快就从底座燃烧到几米高的头部，滚滚而来的热气让人本能地往后退缩，即使消防员在用水柱不停地冲刷着人偶，人群和人偶还是被火光吞噬。最高处的部位掉下的瞬间，人们发出大声呐喊，不知是敬畏多一些，还是震撼多一些。

市政厅广场的超大法雅是最后被燃烧的，待所有人聚集后，大火开始无情地吞噬这奢华又孤独的庞然大物。从一个部位蔓延到全身，巨大的火球照亮了伊比利亚半岛上空微凉的夜。从外表到内部

的支架，每一个组成
部分都在火海中热烈
舞蹈。在整个法雅轰
然倒塌的瞬间，有人
流泪，有人欢呼，有
人赞叹，有人惋惜。

零星的火光就像传说中的精灵，在天空飞舞
着，最后消失殆尽。

　　这个法雅带走了上一年所有的不顺与晦
气，留下了最美好的希冀。

　　随后烟花骤然绽放，璀璨了整个天际。
在火树银花的不夜天中，人们尽情狂欢，带
着心的悸动，共赴一场明媚的春光。

资讯
微焦距
OSPAIN

美食情报站 >>>

　　资深的吃货都知道，西国菜才是欧洲美食地图上最耀眼的标记。欧洲人深知"吃在西班牙"的美食真谛。由于气候、地理、文化各方面的多元融合，西班牙菜"美味多变"，对于吃，西班牙人和中国人一样，有着偏执的热爱和虔诚的信仰。

　　得益于地中海阳光的常年照射、多种气候的相互作用，还有优质的土地资源，西班牙有着丰富的农作物，各种食材在这片土地上生长。西班牙盛产土豆、番茄、辣椒和橄榄,超市和菜店还有嫩瓜、大葱、菠菜、生菜、西蓝花等等新鲜蔬菜,不愧有"欧洲菜园"的美誉。如果西班牙不幸遭受恶劣天气的侵袭,农作物的产量受到影响,那周边国家的超市可就要限量供应果蔬了。

四面环海的西班牙还有着丰富多样的海鲜资源,北部比斯开湾沿岸和东部、南部地中海沿岸的海鲜最负盛名,鳕鱼、虾、牡蛎、青口应有尽有。物产富饶为西班牙美食奠定了基石。

西班牙饮食不像欧洲其他国家,完全以面包、牛排作为主食,大米也是西班牙人深爱的食物。当地人平均每周会做1~2次米饭来填满自己的胃。闻名于世的"国饭"海鲜饭,用西班牙产的籼米作为原材料,配以各式海鲜点缀,由藏红花染色过的籼米变成诱人的橙黄色,吸引着各国老饕们大快朵颐。

好食材也需要香料来调味,除了藏红花和海鲜饭的搭配,芹菜籽和炖菜相衬,罗勒是沙拉的伴侣,迷迭香为牛羊肉增色,肉桂使甜品别有一番风味。在中国很少尝试的这些香料,会给味蕾带来深

层次的丰富体验。

除了正经的大菜、硬菜，西班牙的小食（tapas）最让人欲罢不能，成百上千种小食不仅是西班牙饮食的国粹，更代表了一种肆意、欢快的生活方式。三两好友，二三小食，小酌一二，快乐无穷。

美食怎么能缺少美酒的陪伴？西班牙的佳酿绝对有一饮解千愁的功效，搭配牛排的葡萄酒，搭配海鲜的雪莉酒，女生最爱的石榴酒和苹果酒，微醺之间足可感受"浅倾西国蒲萄酒，小嚼南州豆蔻花"的诗意。

除了西班牙本土菜，世界各地的佳肴都在西班牙汇聚。法、意、葡式餐厅遍布，中东、印度菜式也不少，亚洲风味餐馆也是主流，在这里可以品尝到经过改良的各种世界美味。

说起用餐时间，西班牙又显得与众不同了，早餐9点以后，午餐下午2点左右，晚餐居然要晚上10点才开始，有人说这是地中海悠闲的生活模式，也有人说这是历史原因导致西国人一直生活在错误的时区。不管怎样，有美味相伴，几点进食已然不再重要。

美味快讯

甜品top5

1. 油条蘸热巧克力（churros con chocolate）
2. 波旁香草布丁（flan）
3. 螺旋蛋糕（rosco）
4. 杏仁糖（turrón）
5. 牛奶泡饭（arroz con leche）

饮品top5

1. 红酒（vino）
2. 雪莉酒（jerez）
3. 桑格利亚酒（sangría）
4. 苹果酒（la sidra）
5. 牛奶咖啡（café con leche）

传统料理top10

1. 火腿（jamón）
2. 海鲜饭（paella）
3. tapas小食
4. 土豆鸡蛋饼（tordilla）
5. 烤乳猪（cochinillo）
6. 墨鱼饭（arroz negro）
7. 炖菜（cocido madrileño）
8. 牛尾（rabo de toro）
9. 海鲜（marisco）
10. 冷汤（gazpachos）

住宿情报站 >>>

　　西班牙最独特的酒店，莫过于那些由废弃城堡、修道院等古旧建筑翻新改建而来的国营古堡酒店（parador）了。西班牙全境有90多家这类酒店，全部位于历史氛围浓郁的古城、老区。房间大多以复古典雅的装饰风格为主，住在里面可以深刻体会到西班牙的历史与文化。总体来说，parador酒店的房价比较昂贵，平均每晚需要150欧元左右。

美宿快讯

特色酒店top5

1. FIRST 丽兹酒店（Hotel Ritz）

2. SECOND 巴塞罗那文华东方酒店（Mandarin Oriental, Barcelona）

3. THIRD 龙达国营古堡酒店（Parador de Ronda）

4. FOURTH 格拉纳达国营古堡酒店（Parador de Granada）

5. FIFTH 托莱多国营古堡酒店（Parador de Toledo）

美宿快讯

订房须知

● 酒店通常需要预订，因为办理签证时需要酒店预订单，较早预订价格通常更加优惠。携程、Booking、Agoda、Trivago等网站上都有大量的酒店资源，高档酒店、经济酒店、青旅，应有尽有。预订前可以多对比几家网站，选择价格最合适的。

● 大多数酒店接受Visa及万事达卡，有些酒店会提前扣除房费，有些酒店只扣除一些保证金，办理入住时才收取费用。

● 为了防止被拒签或行程有变造成不必要的损失，最好选择那些可以免费取消预订的酒店，很多酒店可以提前一天免费取消。

● 此外，也可以在Airbnb上预订民宿：https://zh.airbnb.com/，价格相比酒店更加实惠，而且住进当地人家中，更能深入了解西班牙人的生活方式。很多房东还会准备丰盛的早餐，性价比很高。

● 想体验国营古堡酒店的，可以在官网 http://spainparador.com/ 上预订，还可以申请成为parador的会员，入住后会有积分，还有相应的折扣。

购物情报站 >>>

　　西班牙虽然不如邻近的法国和意大利那般以购物出名，但同样是不可错过的欧洲血拼圣地。西班牙有众多设计考究、质量精良的衣帽、鞋包，还有精美的特色手工艺品和饰品，爱美的女生不能错过效果显著的药妆和保健品……

　　从西班牙皇室御用的奢侈品牌Loewe到享誉全球的时尚品牌ZARA、从传统设计到流行时尚，

西班牙各种品牌、各类商品应有尽有。还有橄榄油、红酒等当地的天然物产,品质上乘,价格低廉,是馈赠亲友的佳品。

　　你可以在华丽的奢侈品店享受优质服务,也可以在街角小店和店主讨价还价;你可以在奥特莱斯打折村欢快地剁手,也可以在周末集市悠闲地淘古玩旧物。各种类型的购物场所,满足不同游客的购物乐趣。

美物快讯

手信top8

1. 淘气小熊（Tous）
2. 瓷器
3. 手工艺品
4. 橄榄油
5. 藏红花
6. 红酒
7. 药妆
8. 球迷纪念品

血拼圣地

马德里
1. 中心商区
2. 萨拉曼卡区
3. 打折村Las Rozas village
4. 埃尔拉斯特洛市场（跳蚤市场）

巴塞罗那
1. 兰布拉大道
2. 格拉西亚大街
3. 巴宝莉工厂店
4. Els Encants Vells跳蚤市场
5. 罗卡购物村

打折情报站 >>>

　　西班牙每年有两个大的折扣季,冬季1月开始,夏季7月开始。每个折扣季大约持续两个月。

　　打折季也分3个阶段,每个阶段20天左右,打折的力度不同,第一阶段打5~7折,第二阶段打3~5折,第三阶段低于3折价格出售,甚至会有1折出售的商品,但此时很多心仪的商品已经售罄或断码了,需要看准时机,适时出手。当然,如果之前选购的商品到打折

的第三阶段还有库存,又不怕麻烦的话,也是可以凭借小票,将商品按购买时的价格退回,再用更加低廉的价格重新购入的。

  打折季时,无论商场还是专卖店,几乎所有商品、所有店铺都会参与到这场降价的疯狂盛宴中,满大街的rebajas(降价)宣传字样让人倍感兴奋。不过打折到第三阶段的时候,很多服装店里货品摆放已经比较杂乱了,工作人员根本来不及收拾,而买单的时候也会大排长队,购物体验会大打折扣。

购物小情报
Shopping intelligence

1. 在西班牙购物满90.15欧元就有8%~15%的退税,离开欧盟国家之前在机场Tax Station办理退税手续即可。工作人员有时会要求开箱检查物品,盖章之后去指定地点领取现金或者打进信用卡。领取现金需要收取手续费,每笔至少5欧元,信用卡大约1~2个月后到账。

2. 旅行者也可以使用支付宝海外退税服务,非常便捷高效。填写绑定支付宝的手机号码、护照号和中文名拼音等内容,离境前把退税单交给海关检查盖章之后投递到机场指定的信箱,所退金额最快10个工作日就能到账。

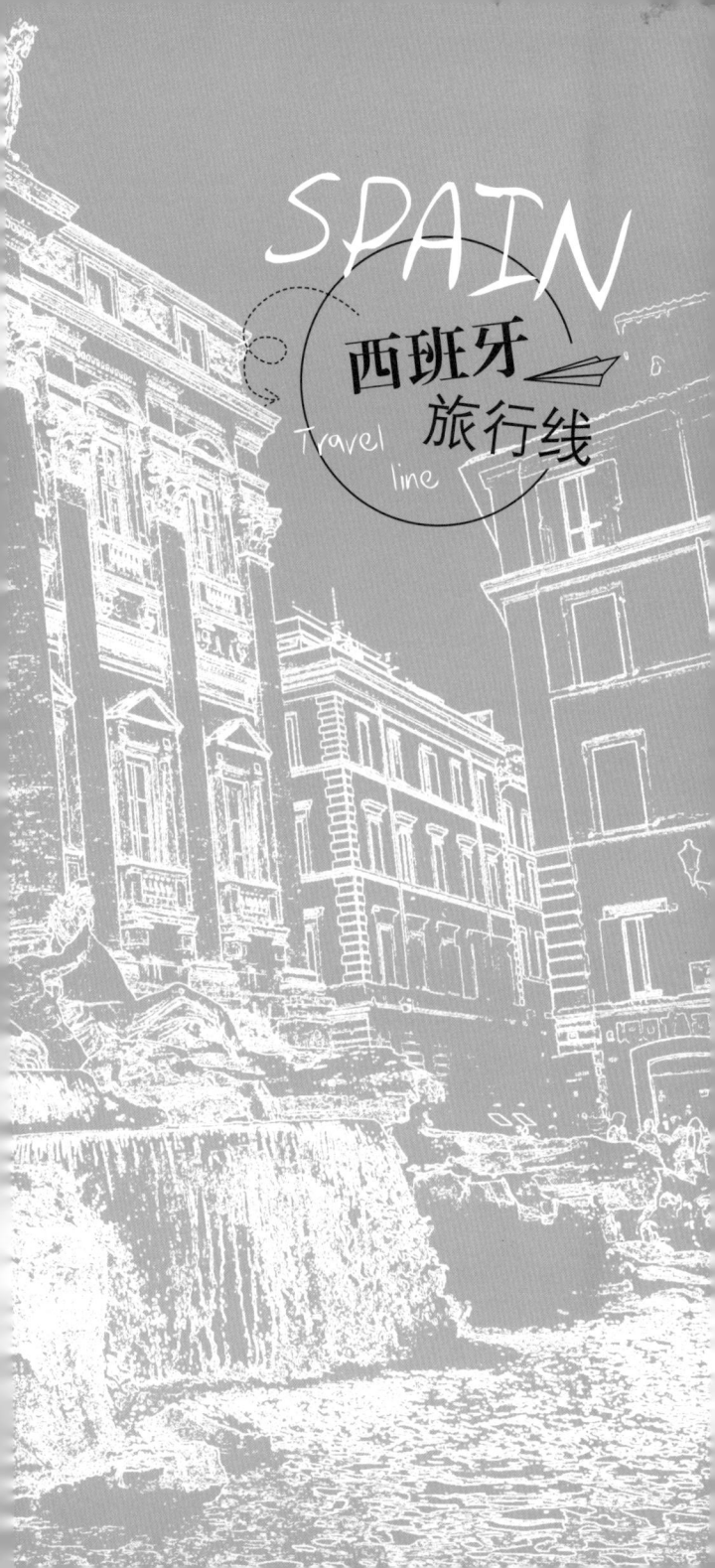

 **全景线**

马德里（Madrid）→塞戈维亚（Segovia）→托莱多（Toledo）→塞维利亚（Sevilla）→科尔多瓦（Córdoba）→格拉纳达（Granada）→巴塞罗那（Barcelona）

 北部线

圣塞巴斯蒂安（San Sebastián）→毕尔巴鄂（Bilbao）→桑坦德（Santander）→圣地亚哥-德-孔波斯特拉（Santiago de Compostela）

 **南部线**

科尔多瓦（Córdoba）→塞维利亚（Sevilla）→格拉纳达（Granada）→马拉加（Málaga）→龙达（Ronda）

 **中部线**

马德里（Madrid）→塞戈维亚（Segovia）→阿维拉（Ávila）→萨拉曼卡（Salamanca）

地中海沿岸线

巴塞罗那（Barcelona）→瓦伦西亚（Valencia）→阿里坎特（Alicante）

欧阳敏/摄

通用必备

1 护照、签证、机票（电子行程单）、酒店预订单、个人国际旅行医疗保险单及以上资料的复印件，还有银联卡、信用卡和欧元现金。

2 手机充电器和欧标/德标转换插头，西班牙电压统一为220V。

3 驾照和驾照公证件（如果需要自驾的话）。

4 西班牙当地电话卡。

5 移动WiFi（可在国内机场租赁）。

6 地图、行程攻略和笔记本。

生活必备

1 酒店基本不提供凉拖，有些酒店不提供洗漱用品，需要自带。

2 带上常用药物：风油精、创可贴、消炎药、感冒药、肠胃药，过敏体质建议带上过敏药、晕车药。

3 防晒霜、晒后修护产品、身体乳、太阳镜、雨伞。

4 西班牙电信运营商有Movistar、Orange、Vodafone和Yoigo等，销售预付费卡，运营商门店可以买到SIM卡和充值卡，也可以去烟店和报刊亭购买充值卡。华人通讯运营商友谊通信和QQmovil也不错，在中国超市可以买到。

5 办理签证时需要购买个人国际旅行医疗保险的，推荐安联旅游保险、曼福旅游保险和平安旅游保险，各有优点，根据自身需求选择购买。

旅途须知

- 不要在公众场合讨论斗牛,动物保护者和民族文化拥护者对斗牛持有截然相反的态度,发表任何倾向性言论都会被另一方反驳。

- 不要讨论加泰罗尼亚地区的独立问题。不同立场的人已经为此吵得不可开交,作为游客,尽量不要妄自非议。

- 小费不是强制的,餐馆的账单里基本都包含了服务费,只有高档餐厅才会附加服务费。如果找回了零钱可以留下当作小费。酒店门童帮忙搬抬行李可以留下1~2欧元作为小费。

- 西班牙治安不太好,尤其马德里、巴塞罗那这样的大城市,被偷、被抢都有可能,要时刻保持警惕,看管好钱包和手机。碰到有人泼脏东西,千万不要当众清理,小偷会趁机偷走财物;碰到有人兜售物品时也要注意,以防他们团伙作案顺走东西。

西班牙紧急救援电话：112

国家警察：091

市政警察：092

消防：080

救护车：061

市区警察：+34 915 885 000

中文报警电话号码：+34 913 228 598、+34 913 228 599

#中华人民共和国驻西班牙大使馆#

地址：

C/ARTURO SORIA,113,28043 MADRID

电话：

+34 915 194 242

#中华人民共和国驻西班牙大使馆领事部#

接待时间：

周一、周三、周五

上午：

10:00—13:00

地址：

C/JOSEFA VALCARCEL,40 28043 MADRID

电话：

+34 917 216 281

文艺时光

西班牙旅行读物清单

- 让·德科拉《西班牙史》
- 塞万提斯《堂吉诃德》
- 林达《西班牙旅行笔记》
- 有时2《东搬葡萄西班牙》
- 细毛、尹齐《阳光灿烂西班牙》
- [韩] 柳惠英《着色地中海——在西班牙,遇见别样的生活与设计》
- 张耀《八百年在路上》
- 欧内斯特·海明威《危险的夏天》

西班牙电影清单

- 《午夜巴塞罗那》
- 《关于我母亲的一切》
- 《卡门》
- 《对她说》
- 《西班牙公寓》
- 《BBC:西班牙艺术》

球迷指南

西班牙是一个视足球为生命的国家，这个国家的国民，无论男女老少，都对足球有着发自内心的热爱。皇马的荣耀、巴萨的传奇，都为世人所歌颂。到了这个足球的国度，怎能不亲身体验一次这国粹般的竞技？

西班牙每个城市，甚至每个区都有自己的足球队，所以国内每年会组织不少足球赛事。除了大家所熟知的西甲（欧洲及世界最高水平之一的职业足球联赛），还有国王杯、西班牙超级杯等各种精彩赛事。另外，皇马和巴萨每年都会举行一些著名的友谊赛，皇马的叫伯纳乌杯，巴萨的叫甘伯杯。当然，还有"欧冠"和"欧联杯"这些和欧洲其他国家的足球俱乐部一较高下的比赛。

购票

现场购买：除了西甲和国王杯，其他赛事的球票并不难求，联赛和友谊赛的价格便宜，有时十几欧元就能买到一张球票，虽然位置较高，但对于只是想体验一下现场气氛的伪球迷来说是性价比非常高的。提前一个小时在现场的售票点就能买到球票，非常方便。

官网购买：如果是西甲或者国王杯这样比较重量级的比赛，门票就很抢手了，尤其是遇到有皇马和巴萨参加的比赛，更是一票难求，需要提前在皇马或者巴萨的官网订票，也可以在官方授权网站购票，需要支付2欧元的手续费，票价从几十欧元到上百欧元不等。

观赛tips

1. 重大比赛可能会买不到票，有皇马会员可以用相对低廉的价格买到球票再转手卖出，现场跟他们购买时要注意查看球票的真伪。

2. 提早到达球场的话，有时间可以先去纪念品商店逛逛，购买心仪球星的球衣和周边产品，球场周围也有很多小摊在售卖纪念品，虽然价格低廉，但不是正品，质量相差很多。

3. 球场很大，进场后可以把自己的球票给工作人员看，根据他们的指引来快速找到自己的位置。

4. 皇马的球迷异常热情，千万不要在他们面前说不喜欢皇马，他们会跟你拼命。当然，不管哪支球队参赛，不管心中支持的是哪支球队，都不要和对方球迷产生冲突。

5. 比赛结束后可以到球场停车场门口等候球星的私家车，很多球迷会聚集在此，激动地高歌，表达自己对支持的球队和球星的疯狂热爱。

城市
丈量指南

OSPAIN

马德里
España
Madrid

马德里是西班牙首都，同时也是西班牙最大、欧洲第三大城市，位于西班牙中部地区，它也是马德里大区的首府所在地，素有"欧洲之门"的别称。

凭借古典的皇家建筑、藏品丰富的各色博物馆、充满诱惑的特色美食，马德里成为最受游人欢迎的欧洲旅行目的地之一。除了这些，它自身散发出的文化魅力也在感染着每一位到访者：惊心动魄的斗牛表演、世界顶级足球俱乐部的比赛……这些古典与现代的碰撞，让它成为"不可思议"的代名词。

太阳门所在的中区是城市中心，著名景点多集中在市区,王宫、普拉多博物馆、伯纳乌球场等都相距不远,游玩起来非常方便。

商业区也集中在市中心,包括太阳门广场周围、格兰大道和时尚购物街,在萨拉曼卡区可以购买到高档商品,尤其是Serrano大街,奢侈品云集。

马德里路边的餐馆不计其数,随意走进一家都有不错的味道。如果想集中尝一尝当地美食,可以前往圣米盖尔市场,里面有时令水果、各色小食以及新鲜的海鲜,让人食指大动。在华人聚集区Usera可以吃到正宗的中国菜。马德里不缺酒吧,每一个区域都有不错的酒吧,喜欢夜生活的不要错过了。

马德里市内交通极其便利,地铁、公交、近郊小火车都是常用的出行工具,线路规划十分合理,经常会有座位。市内打车也很方便,市区内不常堵车。

马德里大区内除了马德里市,还有其他20个城市,也有很多值得一探的景点,如阿尔卡拉城的塞万提斯故居、埃斯库里亚尔的修道院、阿兰胡埃斯的宫殿等等。乘坐近郊小火车(cercanía)可以很方便地到达这些地方。

景点推荐
RECOMENDACIÓN

① 马德里普拉多博物馆（Museo del Prado）
② 圣地亚哥伯纳乌体育场（Estadio Santiago Bernabéu）
③ 马德里王宫（Palacio Real de Madrid）
④ 索菲亚王后艺术中心（Centro de Arte Reina Sofía）
⑤ 丽池公园（Parque del Retiro）
⑥ 马德里太阳门广场（Puerta del Sol）
⑦ 格兰大道（Gran Vía）
⑧ 马德里马约尔广场（Plaza Mayor）
⑨ 马德里德波神庙（Jardins do Templo de Debod）
⑩ 阿尔卡拉门（Puerta de Alcala）
⑪ 马德里西班牙广场（Plaza de España）
⑫ 提森-博内米萨博物馆（Museo Thyssen-Bornemisza）

出行小tips

每年5月15日会举行马德里最主要的节庆——圣伊西德罗节，届时会有音乐会及烟火晚会，游客可以选择在此时前往马德里，感受节日的气氛。

加泰罗尼亚

España

Cataluña

　　加泰罗尼亚是位于西班牙东北部的一个自治地区，著名旅游城市巴塞罗那是它的首府。它还包括了赫罗纳、塔拉戈那、莱里达等城市。加泰罗尼亚有自己的方言——加泰罗尼亚语，与西班牙语（卡斯蒂利亚语）有较大区别。

巴塞罗那是西班牙第二大城市，也是地中海沿岸著名的港口城市，经贸发达，明媚的地中海风光吸引了大量游人。老城区历史悠久，是游客的最爱，鬼才建筑师高迪的魔幻建筑使城市与众不同，被称为"不和谐街区"的格拉西亚区、繁华的兰布拉大道、古迹遍布的哥特区、被誉为"城市绿肺"的蒙锥克区，还有美丽的港口与海滩，这些古老和现代相结合的元素使巴塞罗那成为"伊比利亚的明珠"。

巴塞罗那是购物的天堂，几条特色购物街可以满足你血拼的欲望。兰布拉大道是购买纪念品的好地方，可以一边

购物一边欣赏街头艺术家的表演；格拉西亚大街是奢侈品的集中地，宽敞的街道和两旁的经典建筑给购物增添了不少乐趣；郊区的罗卡打折村是欧洲九大精品购物村之一。

巴塞罗那美食种类很多，加泰罗尼亚菜系广受食客好评，各个区都有不错的餐厅，博盖利亚市场可以吃到各色当地美食和应季水果。

市区交通非常便利，地铁、有轨电车线、公交车及近郊小火车覆盖了城市的大部分地区。路边打车也很方便，喜欢自驾的也可以在当地租车出行。

加泰罗尼亚区的第二大城市赫罗纳也是著名的旅游城市，是一个保留众多古迹的中世纪小城，城内五彩的房子是最大亮点，所有景点都集中在大教堂附近。如果时间有空余，赫罗纳附近的菲格拉斯及贝萨卢也是可以待上一两天的休闲小镇。

景点推荐
RECOMENDACIÓN

1. 巴塞罗那圣家堂（La Sagrada Família）
2. 巴特约之家（Casa Batllo）
3. 米拉之家（Casa Mila）
4. 古埃尔公园（Park Güell）
5. 诺坎普球场（Camp Nou）
6. 兰布拉大道（Las Ramblas）
7. 小巴塞罗那海滩（Barceloneta Beach）
8. 巴塞罗那西班牙广场（Plaça d'Espanya）
9. 哥特区（El Gothic）
10. 奥林匹克港（Port Olímpic）
11. 格拉西亚区（Barrio de Gracia）
12. 加泰罗尼亚音乐宫（Palau de la Música Catalana）

⑬ 蒙锥克山（Moutain Montjuic）
⑭ 加泰罗尼亚艺术博物馆（Museu Nacional d'Art de Catalunya）
⑮ 巴塞罗那毕加索博物馆（Picasso Museum）
⑯ 加泰罗尼亚广场（Placa Catalunya）
⑰ 古埃尔宫（Palau Güell）
⑱ 哥伦布纪念塔（Monument a Colom）
⑲ 阿马特耶之家（Casa Amatller）

出行小tips

❶ 每年6月23日的仲夏夜会举行圣胡安节，这是巴塞罗那最热闹的节日之一，人们聚在海边燃放烟花，唯美浪漫。

❷ 每年9月24日会举行圣梅尔塞节，届时会有烟火表演、盛装游行等活动。游客可以选择这些时间来到巴塞罗那，感受节日的氛围。

安达卢西亚

España

Andalucía

　　安达卢西亚是位于西班牙最南部的自治区，拥有丰富的旅游资源，由于濒临地中海及大西洋，这里的"太阳海岸"是举世闻名的旅游胜地。大区内共有8个省，分别是塞维利亚、格拉纳达、马拉加、科尔多瓦、加的斯、阿尔梅里亚、哈恩、韦尔瓦。

　　塞维利亚是自治区及塞维利亚省的首府，也是安达卢西亚第一、西班牙第四大城市，是西班牙"国粹"弗拉门戈的发源地，也是最具西班牙风情的一座古城，tapas（小食）最早起源于此，在这里可以吃到物美价廉的上百种特色tapas。

格拉纳达是格拉纳达省的省会，城区不大，历史上曾被摩尔人占领，所以整个城市保留了大量阿拉伯文化元素。阿尔罕布拉宫是举世闻名的阿拉伯风格建筑。在这里可以吃到正宗的阿拉伯风味美食。

马拉加是马拉加省的省会，也是安达卢西亚第二大城市，这是大画家毕加索的故乡，历史古迹遍布。充足的阳光使得马拉加的海滩成为欧洲各国游客驻足的度假胜地，"太阳海岸"的名头果然名不虚传。此外，"私奔小镇"龙达、"白色小镇"米哈斯、"蓝精灵村"胡斯卡尔都是马拉加省的特色小镇，拥有独特的绝美风景。

科尔多瓦是科尔多瓦省的省会，城市不大，却有大名鼎鼎的科尔瓦多大清真寺。这里也是著名的"百

花之城",每年春天的庭院节期间,鲜花会点缀城市的每个角落。

来到安达卢西亚大区,游客一般会选择上述四个城市及周边小镇游玩。各种文明在此交汇,精彩的斗牛和弗拉门戈表演让人沉醉,常年晴朗的天气和热情的当地民众让人感觉温暖。这里是最不可错过的西班牙旅行目的地。

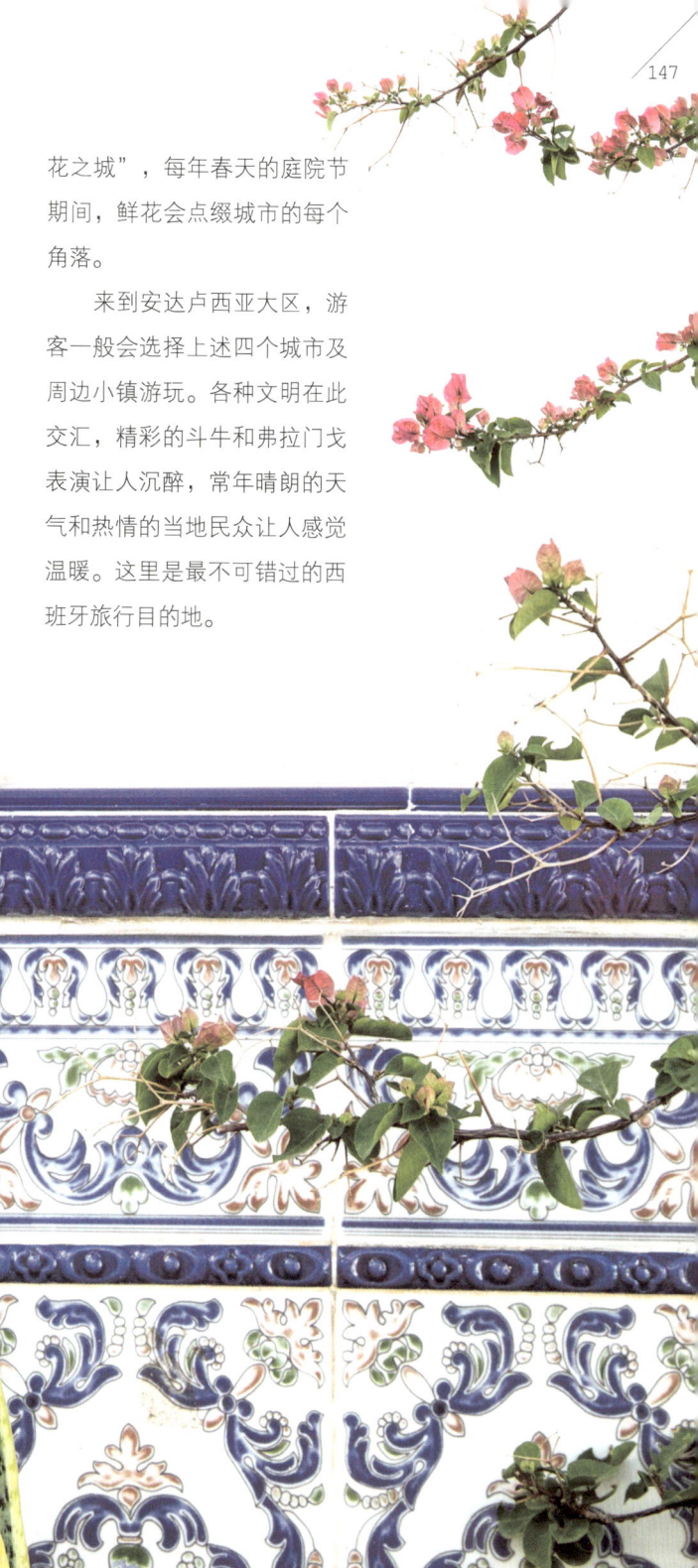

景点推荐
RECOMENDACIÓN

塞维利亚

1. 塞维利亚西班牙广场（Plaza de España）
2. 塞维利亚圣母主教座堂（Catedral de Santa María de la Sede）
3. 塞维利亚王宫（Alcázar de Sevilla）
4. 吉拉达（Giralda Tower）
5. 塞维利亚圣十字区（Barrio de Santa Cruz）
6. 塞维利亚斗牛广场（Plaza de Toros de la Real Maestranza）
7. 都市阳伞（Metropol parasol）
8. 旧烟厂（Antigua Fábrica de Tabacos）
9. 玛丽亚路易莎公园（Parque de María Luisa）
10. 黄金塔（Torre del Oro）

格拉纳达

1. 阿尔罕布拉宫（Alhambra）
2. 阿尔拜辛（Albayzín）
3. 格拉纳达大教堂（Granada Cathedral）

马拉加

1. 马拉加海滩（Las Playas）
2. 马拉加城堡（阿尔卡萨瓦堡垒，Alcazaba）
3. 马拉加毕加索博物馆（Museo Picasso Málaga）
4. 马拉加大教堂（Catedral de Málaga）

科尔多瓦

1. 科尔多瓦大清真寺（La Mezquita de Cordoba）
2. 科尔多瓦古罗马桥（Puente Romano de Córdoba）
3. 科尔多瓦王宫（Alcazar de los Reyes Cristianos）
4. 百花巷（Calleja de las Flores）

美食推荐
RECOMENDACIÓN

1. 西班牙冷汤（gazpacho）
2. 炸鱼（pescaito frito）
3. 炖牛尾（rabo de toro）
4. 雪莉酒（jerez）
5. 各式海鲜

出行小tips

1. 安达卢西亚大区夏季天气炎热，最高气温可达40℃以上，建议春秋两季出行，尤其是春天4—5月，会有众多当地特色节日，非常适合出行。
2. 在塞维利亚的弗拉门戈舞蹈博物馆可以欣赏到真正国家级专业舞者的表演，也可在当地的一些酒吧内观看表演，塞维利亚的Tablao el Arenal和La Carbonería是游客常去的两家。其他城市也能看到正宗的弗拉门戈。
3. 安达卢西亚大区内每个城市都有特色手工艺市集，出售精美的手工艺品，如塞维利亚的圣十字区和格拉纳达的阿尔拜辛区，可以淘一些具有南部风情的小物作为伴手礼。

瓦伦西亚
España
Valencia

  瓦伦西亚位于西班牙东南部，是瓦伦西亚大区的首府，也是西班牙第三大城市。地中海沿岸的绝佳地理位置使它拥有漂亮的海滩，海边的特色餐厅供应最正宗的海鲜饭。

  瓦伦西亚是一个古老又现代的城市，古老表现在古城内保留完好的各个历史建筑，市政广场和大教堂就

是典型代表;现代则是指后现代风格的艺术科学城,老和新在这座城市得到了完美的有机融合。

瓦伦西亚的特色美食种类丰富,这里是西班牙海鲜饭的起源地。除了海鲜饭,还能吃到类似的墨鱼饭,味道鲜美。特色炸面团子也是不容错过的街边小吃。这里还有两款大受欢迎的特色饮品:欧洽达(Horchata)和瓦伦西亚水(Agua de Valencia)。前者是由洋地栗制成的类似豆浆口感的饮料,后者是混合了鲜橘汁加香槟、伏特加和杜松子酒的酒精饮品。

3月和7—8月是瓦伦西亚最热闹的时节,迎接春天的法雅节以及夏季的海滨度假能吸引世界各地的访客前来狂欢。

布尼奥尔是瓦伦西亚省的一个小镇,8月末在此上演的"番茄大战"吸引了世界的目光。100多吨番茄被人们肆意地投掷,小镇变身红色番茄的海洋。

瓦伦西亚自治区内还有一个值得一去的海滨城

市——阿利坎特。它是阿利坎特省的首府，也是西班牙著名的港口城市。这里的海滨一点也不输瓦伦西亚，爬上位于海边山顶的圣巴巴拉城堡，可尽享地中海的绝美风景。

景点推荐
RECOMENDACIÓN

❶ 艺术科学城（Ciudad de las Artes y las Ciencias）
❷ 瓦伦西亚市政广场（Plaza del Ayunta-miento）
❸ 瓦伦西亚大教堂（Catedral de Santa María de Valencia）
❹ 中央市场（Mercado Central）
❺ 圣女广场（Plaza de la Virgen）
❻ 丝绸交易市场（La Lonja de la Seda）
❼ 法雅博物馆（Museo Fallero）
❽ La Malvarrosa海滩

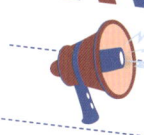

出行小tips

❶ 如果购买瓦伦西亚旅游卡，可以不限次数乘坐市内公共交通，有24、48及72小时三种，还可以用于博物馆、部分餐馆及商业打折，非常实用。
❷ 参与番茄大战时，要将番茄在手中捏碎才可以投掷，以免伤人。结束后有付费的冲洗服务，需要带上干净衣服换洗。

穆尔西亚
España
Murcia

穆尔西亚自治区位于西班牙东南部,地中海沿岸。全区只有穆尔西亚省,首府名称也为穆尔西亚。

穆尔西亚拥有绵延170千米的海岸线,大面积的白色沙滩和小的悬崖海湾交替。虽然穆尔西亚是完美的海滨度假胜地,但是非常小众,连西班牙本国人也很少熟知。相比起周边的地中海沿岸热门旅行地,这里景色优美且不会拥挤。

塞古拉河将城市一分为二,北部为老城,南部为新城。由于曾是历史重镇,老城内有许多充满厚重年代感的古老建筑。

景点推荐
RECOMENDACIÓN

1. 圣玛丽亚大教堂（Catedral de Santa María）
2. 穆尔西亚考古博物馆（Museo de Arqueología de Murcia）
3. 主教宫（Palacio Episcopal）

卡斯蒂利亚-拉曼恰
Castilla-la Mancha

卡斯蒂利亚-拉曼恰是位于西班牙中南部，和马德里交界的自治区，是西班牙最具有古典韵味的一个区域，古城托莱多和昆卡都是著名的旅游城市。由于得天独厚的地理条件，这里还盛产优质的橄榄油及葡萄酒。

塞万提斯的名著《堂吉诃德》就是以拉曼恰为地理背景发生的故事，现如今在孔苏埃格拉小镇还能找到书中描写的著名片段——"风车大战"的影子。

托莱多是卡斯蒂利亚-拉曼恰自治区首府和托莱多省省会，在菲利普二世前曾是西班牙的首都。这是座典型的西班牙古镇，也是具有巨大宗教意义的古镇，这里有丰富的文化遗产，被联合国教科文组织评选为"人类遗产城市"。在托莱多可以买到精致的手工艺品，尤其是刀剑和陶瓷。

昆卡是昆卡省首府，坐落在两大峡谷上，市内古迹遍布。断崖峭壁上的悬屋是旅行时最不容错过的建筑。

景点推荐 RECOMENDACIÓN

托莱多
1. 托莱多大教堂（Cathedral de Toledo）
2. 托莱多太阳门（Puerta del sol）
3. 圣胡安皇家修道院（Monasterio de San Juan de los Reyes）
4. 圣马丁桥（Saint Martin Bridge）
5. 托莱多城堡（Alcázar de Toledo）
6. 河谷瞭望台（Mirador del Valle）

昆卡
1. 悬屋（Casas Colgadas）
2. 圣帕布洛桥（Puente de San Pablo）
3. 昆卡大教堂（Catedral de Cuenca）

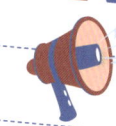

出行小tips

1. 从马德里Atocha站可乘坐火车前往托莱多，也可选择在Plaza Eliptica站乘坐Alsa公司的大巴车前往，前者耗时30分钟左右，后者耗时1小时左右。
2. 托莱多老城在山上，在老城的入口处有电梯，需要乘坐四五节电梯才能到达古城中心。
3. 在托莱多的马约尔广场也可乘坐观光小火车，前往各个著名景点，全程50分钟左右，票价5欧元。
4. 乘坐高铁AVE从马德里出发前往昆卡，只需要50多分钟，票价单程20多欧元，也可选择大巴前往，单程13欧元。车辆到达的是昆卡新城，需要步行20分钟左右才能到达悬屋。

卡斯蒂利亚-莱昂
Castilla - León

　　卡斯蒂利亚-莱昂自治区位于马德里的北部，与葡萄牙接壤，是西班牙面积最大的一个区域，包括阿维拉、布尔戈斯、莱昂、帕伦西亚、萨拉曼卡、塞戈维亚、索利亚、巴利亚多利德和萨莫拉9个省。巴利亚多利德是自治区的首府，但并不是旅游城市，区域内主要的旅游资源集中在塞戈维亚、萨拉曼卡以及阿维拉三个城市。

　　塞戈维亚是一座历史名城，盘山而建，街道狭窄蜿蜒，石头铺成的小巷更加增添了古典韵味。小城内古迹众多，最著名的要数古罗马高架引水桥（Acueducto de Segovia），壮阔的建筑有近10层楼高，全由石块堆积而成，无缝贴合的石块居然没有用一点儿水泥就黏合在了一起，让人不得不钦佩古人的创造及动手能力。

塞戈维亚的烤乳猪是远近闻名的特色美食，外皮香脆、肉质软糯、多汁醇香，分量十足，不会油腻，一定要尝试一下。推荐古罗马引水渠边上的El Mesón de Cándido餐厅，在这家百年历史的餐厅不但可以吃到美味，还能有幸看到有趣的"分猪仪式"。

萨拉曼卡是历史底蕴浓厚的古城，也是西班牙著名的大学城，拥有距今800年历史的萨拉曼卡大学，世界各地的学子集聚于此，给古老的城市带来现代气息。城市内的建筑由特殊的材质建成，在阳光和灯光的照射下会熠熠发光，美不胜收。

阿维拉是一座古老的中世纪小镇，古城墙是小镇的精华所在。各色的教堂、古堡、修道院都是城市的亮点。小镇不大，游人也没有另外两个古城多，但多了一丝清净之感。

整体来说，这些小镇的治安情况都很好，游客可以放心地在小巷中漫步。由于阳光充足，日照时间长，本区域还是西班牙著名的红酒产区。美酒美食美景相伴，怎能让人不为之心动？

景点推荐
RECOMENDACIÓN

塞戈维亚

❶ 古罗马高架引水桥(Acueducto de Segovia)
❷ 塞戈维亚主教堂(Catedral de Segovia)
❸ 塞戈维亚城堡(Alcázar de Segovia)
❹ 塞戈维亚圣马丁广场(Plaza San Martín)
❺ 塞戈维亚马约尔广场(Plaza Mayor)

萨拉曼卡

❶ 马约尔广场(Plaza Mayor)
❷ 萨拉曼卡大教堂(Catedral de Salamanca)
❸ 萨拉曼卡大学(Universidad de Salamanca)
❹ 扇贝之家(Casa Las Conchas)
❺ 罗马桥(Puente Romano)

阿维拉

❶ 阿维拉古城墙(muralla de Ávila)
❷ 阿维拉大教堂(Catedral de Ávila)
❸ 圣特蕾莎修道院(Convento de Santa Teresa)

出行小tips

❶ 从马德里前往塞戈维亚有两种交通方式可以选择:在Chamartín站乘坐高铁,约30分钟可到达塞戈维亚的Guiomar新火车站;也可在马德里的Moncloa站乘坐La Sepulvendana公司大巴前往,大巴价格更划算,进入老城也更加方便。

❷ 从马德里前往萨拉曼卡也有两种方式:在Estación Sur汽车站乘坐Avanza公司的大巴,或者在Chamartín站乘坐火车,车程约2~3小时。建议乘坐大巴,可选择在中途阿维拉转车,下车游玩半天后再继续乘大巴前往萨拉曼卡。

巴斯克自治区
España
País Vasco

巴斯克自治区位于西班牙北部，北临比斯开湾。比斯开省（巴斯克语：Bizkaia）、吉布斯科阿省（巴斯克语：Gipuzkoa）、阿拉瓦省（Araba）是下属的三个省份，三省首府分别是毕尔巴鄂、圣塞巴斯蒂安及维多利亚。其中毕尔巴鄂和圣塞巴斯蒂安是北部著名的旅游胜地。

毕尔巴鄂是区域内最大的城市，同时也是西班牙最重要的工业城市。这里拥有北部地区特有的宜人景色，山川、树林、海滩很好地融合在一起。古根海姆博物馆是毕尔巴鄂最著名的景点，门口的巨大蜘蛛雕塑别有一番风味。

圣塞巴斯蒂安因为"圣塞巴斯蒂安国际电影节"在中国闻名,其实它早已是欧洲人的度假首选地。唯美的贝壳湾配上海面中的白帆点点给人无限遐想。这里还是美食的天堂,3家米其林美食餐厅和无数的小餐馆,为各位老饕提供多种选择。

巴斯克地区的pintxos是和国粹小食tapas类似的食物,但选择更加多样,食材上也运用了更多当地特产,如蚌、鱿鱼等海鲜产品。

景点推荐
RECOMENDACIÓN

毕尔巴鄂
1. 古根海姆博物馆(Museo Guggenheim Bilbao)
2. 毕尔巴鄂步行桥(White Bridge (Zubi Zuri))
3. 圣地亚哥大教堂(Catedral de Santiago)

圣塞巴斯蒂安
1. 贝壳湾(Playa de la Concha)
2. 乌尔古尔山(Monte Urgull)
3. 伊格尔多山(Igueldo)
4. 风之梳(Haizearen Orrazia)

坎塔布里亚
España
Cantabria

坎塔布里亚自治区位于西班牙北部,在巴斯克自治区的西边,面积很小,区域内出名的城市要数和西班牙著名银行同名的桑坦德了,它也是自治区的首府。

这里气候宜人、海水湛蓝,拥有迷人的海岸线,是北部休闲度假的好选择。市内的马格达莱纳宫曾是西班牙皇家的夏日行宫。

市郊的欧洲山和阿尔托坎波奥山有大量积雪,喜欢滑雪的人不要错过。桑坦德附近30公里处还发现了神秘有趣的史前遗迹,让人流连。

景点推荐
RECOMENDACIÓN

桑坦德

1. 桑坦德大教堂（Catedral de Nuestra Señora de la Asunción de Santander）
2. 阿尔塔米拉洞窟（Cueva de Altamira）
3. 坎塔布里亚地区考古博物馆（Museo regional de prehistoria y Arqueologia de Cantabria）
4. 马格达莱纳宫（Palacio de la Magdalena）

阿斯图里亚斯 Asturias

España

阿斯图里亚斯自治区位于西班牙北部,在坎塔布里亚的西边。奥维耶多是大区的首府,希洪是重要的港口城市。这两个城市也是自治区内值得推荐的两个旅游目的地。高山、湖泊、森林、果园、海岸、沙滩,这里拥有无与伦比的田园风光。除了自然风光,这里和著名的旅游城市相比,还多了一份清净和自在。

奥维耶多是一座历史悠久的古城,伍迪·艾伦的电影《午夜巴塞罗那》中,男主角约女主角一同前往,因此而被广大游客熟知。这里不但有一派田园风光,还有两座世界文化遗产建筑,热爱历史又向往小清新的文艺青年不要错过。

希洪的海滩吸引了大量西班牙本国及欧洲其他国家的游人前来度假,肥美的海鲜让食客们大呼过瘾。这里还有古老的建筑以及现代的雕塑,新、旧的碰撞使小城在历史的积淀中又多了一份活力。

景点推荐
RECOMENDACIÓN

奥维耶多
❶ 纳兰科圣玛丽教堂(Santa Maria del Naranco)
❷ 圣卡马拉教堂(Catedral de San Salvador de Oviedo)
❸ 奥维耶多大教堂(Oviedo Cathedral)
❹ 圣弗朗西斯科公园(Campo de San Francisco)

希洪
❶ 圣洛伦佐海滩(Playa de San Lorenzo)
❷ 地平线的赞扬雕塑(Elogio del Horizontel)
❸ Gijón雕塑

加利西亚

España

Galicia

　　加利西亚自治区位于西班牙西北部，南部与葡萄牙接壤，共有7个风格各异的城市，首府为圣地亚哥-德-孔波斯特拉，是自治区内的主要旅游城市，同时还是"朝圣之路"的终点站。

　　无数虔诚的教徒徒步几百公里，耗时几个月，就为来到圣城聆听神的旨意。宏伟的大教堂值得所有人好好瞻仰，每天下午的朝圣者弥撒可以净化心灵。浓郁的宗教气氛加上天堂般的自然风景，使这里成为人们向往的旅行地。

独特的地理位置为该地区丰富的物产资源提供了保证，入海口的海鲜比普通海鲜多了一分鲜美，品种多样的鱼类和肉质肥嫩的加利西亚牛肉好吃得停不下来。这里的干白葡萄酒果香浓郁，十分出众。

景点推荐
RECOMENDACIÓN

圣地亚哥-德-孔波斯特拉
❶ 圣地亚哥·德·孔波斯特拉大教堂（Catedral de Santiago de Compostela）
❷ 昆塔纳广场（Praza da Quintana）
❸ 银器匠广场（Praza das Praterías）

出行小tips

如果是徒步或者骑行而来的朝圣者，可以在朝圣者接待处（Oficina de Acogida al Peregrino）申请获得"孔波斯特拉"（Compostela）朝圣证书，并在这里进行公证。

拉里奥哈
La Rioja
España

拉里奥哈是西班牙北部的自治区，是西班牙17个自治区中面积最小、人口最少的一个。但这里的自然风光是一流的，众多河流途经此地纵横交错，森林、山脉、火山、盐湖，都体现了原始的旷世之美。

独特的地理环境使得这里农业种植技术发达，盛产葡萄酒。拉里奥哈是西班牙葡萄酒最重要、最著名的一个产区。每一瓶印有Rioja标志的葡萄酒都是高品质的象征。

洛格罗尼奥是大区的首府，这是一座古城，也是圣地亚哥朝圣之路上的一个城市。老城中的Santa Maria双塔式大教堂蕴含了浓厚的历史感。市中心的"葡萄酒喷泉"，常年喷出红色液体，让人大呼浪费，好在当地人说，那只是添加了色素的水而已。市内还有很多店铺都使用葡萄模具来装饰，果然不枉"葡萄酒故乡"的美誉。

景点推荐
RECOMENDACIÓN

1. Catedral de Santa Maria de La Redonda 大教堂
2. Iglesia de San Bartolomé 教堂
3. 市场广场（Plaza del Mercado）

酒庄推荐
RECOMENDACIÓN

1. 瑞格尔侯爵酒庄（Marques de Riscal）
2. 橡树河畔酒庄（La Rioja Alta S.A.）
3. 福斯蒂诺酒庄（Bodegas Faustino）
4. 里奥哈酒庄（Bodegas Riojanas）
5. 慕卡酒庄（Bodegas Muga）

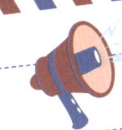

出行小tips

如果想要深度游览酒庄和葡萄园，建议选择自驾，也可在洛格罗尼奥的旅行社报名跟团参加葡萄酒的一日游。

纳瓦拉
Navarra
España

纳瓦拉是西班牙北部一个自治区，北边与法国接壤。全区只有纳瓦拉一个省，首府为潘普洛纳，以每年7月份举行的奔牛节而闻名于世。小城平日游人不多，是个安静悠闲的地方，但是一到奔牛节期间，就会有成千上万的人从世界各地涌来，全城会变成疯狂和躁动的欢乐大party。

奔牛节其实是圣费尔明节的一个重要组成部分，除了惊心动魄的奔牛，还有音乐会、杂耍等其他有趣的活动。6条经过驯养的彪悍公牛从放出的一刻，就如同发疯的猛兽，追赶着人群。人们在追求刺激的同时，也在用自己的生命作赌注。每年都有被公牛顶伤甚至刺伤致死的案例。

除了让人热血沸腾的与牛赛跑，还有同样让人心跳加速的美味红酒。由于靠近拉里奥哈，所以纳瓦拉也是西班牙久负盛名的葡萄酒产区。

景点推荐
RECOMENDACIÓN

❶ 潘普洛纳斗牛场（Plaza de Toros）
❷ 潘普洛纳主教堂（Catedral de Pamplona）
❸ 塔科内拉公园（Jardines de la Taconera）
❹ 纳瓦拉博物馆（Museo de Navarra）

出行小tips

❶ 每年7月6—14日是圣费尔明节举行时间，如果想参加奔牛节，需要穿上白色衣裤，腰上绑着红色腰带，这是标准的服饰要求，如果随意穿着是无法通过检查的。

❷ 不要和牛有亲密接触，唯一能做的事情就是往前奔跑。

阿拉贡 Aragón

España

　　阿拉贡自治区地处西班牙东北部,与法国接壤,由萨拉戈萨、韦斯卡和特鲁埃尔三省组成。萨拉戈萨是大区首府,也是西班牙第五大城市,但不算是西班牙境内著名的旅游城市。

　　萨拉戈萨老城不大,有许多宫殿、博物馆等历史遗迹,徒步观赏是不错的体验。虽然景点也许不能带给游客太多的惊喜,但阿拉贡传统的美食肯定可以满足每一个吃客的胃。无论是如黑松露料理的昂贵食物,还是如西班牙羊肉夹馍的家常美味,这里都可以找到。还有用西班牙最好的橄榄油制作而成的阿拉贡特色沙拉,每一道都充满阿拉贡风情。

每年10月12日举行的比拉尔圣母节是萨拉戈萨的主要节日，为期一周的节日会举行多项活动，人们聚在一起跳起民族特色舞蹈，还会参加宗教游行等。

景点推荐
RECOMENDACIÓN

1. 比拉尔圣母大教堂（Catedral Basilica de Nuestra Senora del Pilar）
2. 比拉尔广场与拉赛欧广场（Plaza del Pilar and Plaza de la Seo）
3. 石桥（Puente de Piedra）
4. 阿尔哈菲利亚宫（palacio de la Aljafería）

出行小tips

1. 从马德里出发，可乘坐ALSA家的大巴前往萨拉戈萨，单程 16欧元，4小时；高铁二等座折扣价约30欧元，1小时20分钟车程，高铁站离市区较远。
2. 从巴塞罗那Sants火车站乘高铁约1.5~2小时到达萨拉戈萨，票价约60欧元。

埃斯特雷马杜拉
España
Estremadura

　　埃斯特雷马杜拉是西班牙西部一个历史悠久的自治区，西边与葡萄牙相接。它包括卡塞雷斯和巴达霍斯两省，首府为梅里达。大区内出产的葡萄酒在国际市场上名气不大，但品质很好。

　　梅里达拥有众多让人惊叹的古罗马式建筑，保存完好的古罗马剧场至今到了夏季都会上演精彩的剧目。城市很小，游客也比较稀少，如果旅途时间有限，可以忽略这个西部小城。

景点推荐
RECOMENDACIÓN

梅里达
1. 罗马圆形剧场
2. 梅里达罗马桥
3. 国立古罗马博物馆
4. 米拉格罗斯渡槽
5. 雅典娜神庙遗迹

加那利群岛

Islas Canarias — España

　　加那利群岛是西班牙的海外自治区,位于非洲西北部的大西洋上。加那利群岛气候适宜,一年四季都是旅行旺季。这是欧洲人热衷的度假胜地。由于作家三毛的影响,越来越多的中国人也踏上加那利群岛,追寻三毛热爱的这片土地。

　　加那利群岛分为东、西两个岛群。东部岛群包括兰萨罗特岛、富埃特文图拉岛两个

大岛及若干小岛屿;西部岛群由特内里费岛、大加那利岛、帕尔马岛、戈梅拉岛和费罗岛五个大岛组成。游客多集中在特内里费岛、大加那利岛以及兰萨罗特岛。

特内里费岛是面积最大的一个岛。位于岛上的泰德峰是西班牙和大西洋岛屿的最高峰,喜欢刺激与冒险的游客可以预约徒步登顶。

大加那利岛的地貌种类丰富,沙漠、火山、树林变幻无常。三毛的故居就在大加那利群岛的海滨小镇Telde。

兰萨罗特岛是一座火山岛,岛上的绿色植被很少,满眼都是黑色的火山岩。岛上有一家特别的"El Diablo"餐厅,除了营业的时间特别,更有趣的是烹制的方法。用火山的自然地热烤制的美味,喜爱烧烤的吃客千万不要错过了。

帕尔马岛上热带植物遍布,景色优美。三毛的爱人荷西曾在这里工作,而他也埋葬在这个岛上。

来到加那利群岛不得不品尝的就是肥美的海鲜了。岛上的小镇也有很多西班牙餐馆,提供正宗的tapas小食及海鲜饭。

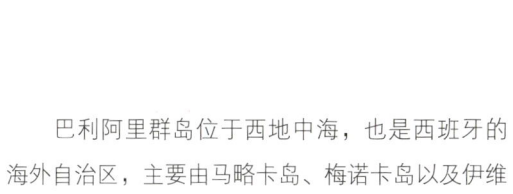

巴利阿里群岛位于西地中海,也是西班牙的海外自治区,主要由马略卡岛、梅诺卡岛以及伊维萨岛等组成。

巴利阿里群岛气候温和,阳光充足,各岛的交通都比较便利,所以旅游业发达。

马略卡岛是面积最大的岛屿,绝美的海岸线、古老的村落、连绵的山谷,还有可口的海鲜,这一切成就了这个悠闲的度假胜地。

梅诺卡岛是西班牙本国人休闲度假的后花园，宁静的小岛拥有众多出色的港口及海滩。这里还是历史与考古爱好者的天堂，蕴藏着丰富的史前古迹。

伊维萨岛具有浓郁的地中海风情，岛上拥有充足的阳光，夜生活之丰富一点也不输巴塞罗那这样的大城市。这里还有大量保存完好的历史遗迹，是一个古典与现代完美结合的旅行地。

番外·旅本产品说明书

【品牌名称】番外（FARWHERE）
【产品名称】番外·旅本 & 番外旅行笔记本
【英文名称】FARWHERE TRAVELER'S NOTEBOOKS
【产品规格】115MM ×220MM × 1.8MM
　　　　　　115MM ×145MM × 1.8MM
　　　　　　165MM ×220MM × 1.8MM

▶ 产品特点

◇一本改变你旅行方式的创意图书
每本图书都由一个或几个热爱雕刻时光、喜欢在路上边写边绘、推崇价值旅游的资深行者撰写，以绘本的形式呈现，充满了手工的温度和发现的热情。以此为范，愿你的旅行从此也爱上涂涂写写，用纸和笔替代相机和手机，愿你的旅行目光更多惊喜，脚步更加走心，时光愈加纯粹……愿你与路过的世界温情相拥！

◇一册可以反复使用传承一生的笔记本
每本旅本都附带环保内芯笔记本，本子用完即可替换，非常方便。当你开始涂鸦或记录时，这本图书就变成了你的私房旅行书，长此以往，将搭建一座只属于你的旅行博物馆。小册子也可用于记录日常生活，成为你的工作笔记本、生活笔记本、爱情笔记本……时光因雕刻而美丽，岁月因记录而传承，愿这些笔记本成为你一生的时光刻录机和月光宝盒。

◇一个功能全通格高的多功能钱包、斜挎包
当你将手机绑在牛皮绳中，将信用卡、护照、零钱置于旅本附带的收纳夹中，图书和笔记本就变成了钱包、斜挎包、旅行包，而旅本那张进口牛皮面封更让你逼格朴素而高大。在街角的咖啡桌前，你的形象瞬间从被奢侈品装饰的游客升级为装备专业的路上战士。

▶ 适用对象
◇依据某知名网站指示找到那家挤满人的餐厅时，后悔没做私房旅行攻略
◇旅途中经常丢票丢钱，找不着手机和钱包
◇追求各种猛猛哒的旅行体验和萌萌哒的旅途故事
◇爱看绘本，喜欢涂鸦
◇手工中毒者，有2种以上很作的手工爱好
◇有一个写旅游书的梦想，就是旅行回来半天也憋不出几个字
◇只要做好死磕旅行的心理准备，生理年龄不限

▶ 适用环境
◇世界各地，天气不限
◇特别适合雨天、夕阳中、咖啡馆遮阳伞下

▶ 注意事项
◇写上电话号码，和"归还重酬"
◇护照复印件请藏袜子里，别放在票据夹内
◇笔记本内勿放大量现金，忌炫富
◇喜欢把本本插屁兜的，小心扒手
◇忌长时间暴晒，忌泡水
◇忌一年只换一本内芯

▶ 特别说明
◇购买番外旅本，可免费以旧换新其他系列图书一次
◇番外旅行笔记本与番外签字笔、彩色纤维笔一齐使用，
　效果更佳，旅程更美

▶ 番外的窝
更多交换、更多分享、更多惊喜，欢迎猛戳 www.farwhere.com

番外旅本
FAR WHERE